真宗文庫

現代と親鸞

—現代都市の中で宗教的真理を生きる—

本多弘之

東本願寺出版

もくじ

本書は、二〇一一年に真宗大谷派（東本願寺）の「宗祖親鸞聖人七百五十回御遠忌」を記念して出版された『シリーズ親鸞』全十巻（筑摩書房刊）より、第十巻『現代と親鸞―現代都市の中で宗教的真理を生きる』を文庫化したものです。

凡例

＊『真宗聖典』は、東本願寺出版（真宗大谷派宗務所出版部）発行の聖典を用い、『聖典』と略記した。

＊『真宗聖教全書』（大八木興文堂）は、『真聖全』と略記した。

＊清沢満之の引用は、大谷大学編『清沢満之全集』（岩波書店）を用い、『全集』と略記した。
なお、引用にあたっては、適宜、現代表記にあらためた。

はじめに

宗祖親鸞の七百五十回御遠忌を期して、〈シリーズ親鸞〉の一端を担う場を与えられましたので、現代の問題に対応して親鸞（一一七三～一二六二）の思想がいかなる意味をもちうるのか、あるいは現代の問題の解決に何らかの方向性を与えうるのか、ということを考えてみたいと思います。

親鸞の思想には、時代を超えて人間の根底に食い込むような鋭い深みがあります。このことを是非とも、現代の言葉で表現していかねばならないと思っているのです。

科学文明にどっぷりと浸かっている我われには、宗教的なるものが時代からすっかり置きざりにされたような感覚があります。同時にまた、現代の情況を生きる人々の心の底に真実の宗教を求めてやまないものがあることも事実で、それ故に宗教の名を騙《かた》って若い人々をたぶらかして引きずり込むような詐欺まがいの集団が横行するわけです。

この現代において、真実の宗教は、科学が見いだした真理に対して対立するようなものではない。また、非科学的な神秘体験とか非論理的な混沌とかに回帰することが仏教なのでもありません。だから、宗教は、客観的な自然の事実を否定するようなことを言い張るわけでも、超自然的なことを根拠に、自然科学の範囲外のことを主張するわけでもありません。そういうことに、仏教の目的があるわけではないのです。

だからといって、科学的な真理には捕捉されず、認可も受けないことで、宗教の真理性を保証するわけでもない。人間には、一人ひとりが生きている情況と、その情況を感受する能力があります。そして、何よりもそこに生きている実存が、代替不可能にして、取り返すことが不可能な一回性を生きているという厳粛な事実があるわけです。

すなわち、自己として与えられている生存を、自分の領域として感じ取る意識（自我意識）が、自己という事実を悩み苦しんでいるのです。自然にある客観的生命を説明する論理によっては到達できない領域、すなわち自我関心の領域が存在していて、ここは一般論や普遍的真理では説明し得ない領域なのです。

一般的に言っても、自然科学（natural science）的な領域に対して、いわゆる文化科学（liberal arts）的な方面は、個人の特性や独自性を認めている。文学・芸術などはその典型でしょう。客観的な真理性に収まり切らない、独自の個体の存在意味の領域があるのです。

宗教は、その意味では、独自の代替不可能な個体が自己の存在の意味を問うことに対して、いかに一般的なものとは異なり、いかに不合理ではあっても、個の存在の無限の尊さと意味とを自覚させるものなのではないか。普遍的一般者に還元するのでもなく、客観的平等に帰属させるのでもなく、独尊の尊さをあらゆる存在者に与えようとするものではないか。つまり愚かであろうと無能であろうと、この一個の存在には、他に替えられない尊さがあり、それを自覚的に納得させるような道理を発見し、それを教えの言葉として伝承しているものが、仏教の真理なのではないかと思うのです。

「科学」というと、自然科学を中心にした天文学や物理学や化学の学問が思い浮かびます。これらは、自然の物質的な成り立ちや、物質がもつはたらきを、実験観察によって理論的に抽出する学問です。それは人間を取り巻く自然界の成り立ちや性質を、人間が、普遍的なロゴスとして解明しようとすることだとも言えましょう。そこには、個人の能力や体験によって左右されないもの、誰においても同じ結果や同じ筋道が成り立つはずの「科学的」な客観性が定立されるわけなのです。

私自身、こういう客観的に誰でもが納得できる科学の論理を信じ、人々の生活に役立つための自然科学やその応用に、いささかなりとも自分の人生をかけて見ようかと思っていた時期がありました。ところが、大学生活が終わる頃、ちょうど六〇年安保闘争にぶつかったのですが、何か先の見えない不安感と、自分が選ぶべき人生行路が見いだせない悩みの中で、たまたま縁があった真宗仏教をかじってみて、もしそれで精神的な座りができたなら、それから社会に出ていこうと考えたのです。

それがちょうど一九六一年、親鸞の七百回御遠忌の年でした。親鸞の七百回忌と法然の七百五十回忌とがぶつかって、その春、京都の街にはさまざまな催しが開かれ、はじめて仏教を探求しようとするものにとっては、大変刺激的な年でした。その時に、明治生まれの三人の大仏教者が一堂に会する講演会が開かれた。三人とは金子大榮《だいえい》（一八八一～一九七六）・曾我量深《そがりょうじん》（一八七五～一九七一）・鈴木大拙《だいせつ》（一八七〇～一九六六）という方々です。それぞれ一八八一年、一八七五年、一八七〇年に生まれて、当時八十一歳・八十七歳・九十二歳でした。ほとんど仏教用語を知らない私も、千人余の聴衆と共に、全人生を仏教思想の解明と伝達に生きてこられた人物を目の前にして、物質的なものではないものにも人間を動かしていく力があることを知らされたのでした。

大谷大学大学院の真宗学科に籍を置き、思想信念の獲得を目指して勉強をし始めて、私は一人の先覚《せんがく》に出会いました。安田理深《りじん》（一九〇〇～一九八二）という方です。私の聞法《もんぽう》はこの人を師として、以後一生をかけることになっていきました。二、三年で、さっと仏教を体得しようなどと虫の良いことを考えていたのですが、とてもそんな短期の学びで仏教の蘊奥《うんのう》を極めることなど、不可能であると思い知らされたのです。

仏教の言葉の意味を理解しようとすると、単語の意味の理解に、文脈から染み出してくるような、仏陀の全体験の中身への同感がどうしても必要となります。つまり、仏陀の覚《さと》りの一分にでも共感ができない間は、言葉の連関から放出される信号の意味にまったく見当がつかない。そこで仏教の辞書を引くと、説明に出てくる言葉がわからないので、それを調べようとして、またわからない単語にぶつかるといったふうで、外国語の勉強以上に入り口が見つからず途方に暮れる毎日でした。何度読み直しても、仏教の内容を語ろうとするものが、何を表そうとしているのかが皆目わからず、これにはほとほと困ってしまいました。

私は高校生の時に、文学に惹かれて内外の小説を相当読み漁った経験があったのですが、宗教的なものは自分の好みでないというか、どうにも歯車が嚙み合わないというか、ほとんど触れたことがありませんでした。宗教の領域が人間にとってどういう位置にあるのか、人生にとって何の意味があるのか、そういう分位というか、宗教の地平とでもいうべき場面への接続ができなかったのです。

それは、戦前のまちがった精神論に基づく教育への反省から、戦後教育は、目に見えないものを無視して、もっぱら物質中心の繁栄を善しとする唯物主義的発想と、科学立国を目指す方針の下で、分析的な思考を重視し、主観的・内観的なものを蔑視する教育が徹底され、私自身もその影響を深く受けていたからではなかったかと思うのです。その世界観は、科学的な技術や工業生産の普及によって、将来の世界が豊かで楽しい生活を約束されているかのごとくに設定され、電気製品や自動車等、物質文明の豊かさへと突き進んでいくものでした。

ところが二十一世紀に入るやいなや、ニューヨークの世界貿易センタービルに航空機が突っ込むという、いわゆる九・一一事件が起き、二〇〇八年の末には、百年に一度と評される金融危機が勃発した。人間が自由と豊かさの名のもとに発達させてきた文明の利器が、その文明の先端を誇る金融の象徴的なビルを破壊し、金融工学の名で世界中の富を吸い上げてきたアメリカ経済の虚構が崩壊したとも見えるのです。

たしかに、科学技術や科学的知識によって、人間の苦難や不条理の一部を解放したり、救済したりする面はあるでしょう。我われはその科学の恩恵をすでに十分に受けているとも言えるのです。しかしそれによって、人間自身のもっている潜在的な生命力や、生きている充実感が満たされる方向に向いているかといえば、必ずしもそうではない。むしろ、文明の利器に頼り切った生活に慣れて、本来の自然の中で生きるために備わっている能力を見失っている面が多くなっているとも感じます。

とりわけ宗教的なことに対する感性は、人間の有限な生存の自覚にかかわるもので、自己の健康や体力や寿命が、自らの思いのままにはならないことや、自然の脅威にぶつかったときの無力感などによって引き出されるものなのではないか。科学技術が人間に提供する便利な道具によって、その人間の生存が自然界にぶつかって限界を教えられるといったことが少なくなっている。飛行機によって迅速な移動が可能になり、日常生活においてもボタン一つで自在に温度をコントロールするなど、人間は自然の変化を技術で克服していけるようになっている。

しかし、実際は人間の生命の有限性、寿命といい能力といい、さらには一個の個体としてこの世にいのちが与えられる因縁にいたっては、理性や科学的技術の範囲を超えた問題です。さらに、人間存在の有限性の自覚にとどまらず、ここに生きている自分という存在が、実にやっかいなものではないか。ちょっとしたことに腹を立てて不愉快を感じ、その鬱憤《うつぷん》を他人にぶつけてその腹立ちの毒素を増幅し、また自分の存在の無意味さに落ち込んで鬱状態の暗さを自他に振りまいている。そして自分にふさわしくない物でも、やたらに欲しくなっていらいらしてしまう。そういう存在を三毒《さんどく》（貪《とん》・瞋《じん》・癡《ち》）に侵されていると、如来は教えているのです。

こういう不平不満やら鬱憤やら自分の存在に対する深い怨念やらを抱えて生きている我われに、浄土教は「煩悩具足の衆生」と呼びかけます。さらには、存在の根に、他の命を奪い他の存在を踏み台にして生きてきた命の罪悪性を背負っているこの我われに対して、「罪悪深重《じんじゅう》の凡夫」と語りかけているのです。私もこの言葉が初めはとても不愉快で、うっとうしく感じられました。自分がその呼びかけの対象に入っているとは思いたくなかったからです。つまり、親鸞の言葉に馴染みにくいのは、実は自分の腹の底に、蛇に見すえられた蛙になりたくないという根性ががんばっているからなのです。

安田理深という師をいただき、二十年余り京都で親鸞の教えを学んで東京に帰ってから、市民向けの「親鸞講座」を担当するようになって二十六年目になり、九年前（二〇〇一年）からは「親鸞仏教センター」という真宗大谷派の学事施設を立ち上げるご縁をいただきました。五十年にわたって親鸞の教えの探求に魅せられて生きてきた私ですが、「現代と親鸞」という課題で問題を提示させていただくに当たって、なぜ私たちがこの教えに素直に向きあえないのかを、自分の経験を顧みながら考えてみたいと思うのです。

今、現代に真正面から向き合って親鸞の思想信念を生きようとするとき、自力の根性が抜けないまま現代の困難な課題をどうにかしようとするのでなく、現代の問題に巻き込まれていく中に、いかにして他力の信念に回帰することが可能なのか、さらには他力の信念に立ってこの現代の思想状況に耐えていけるのかどうか、そして、どこかで時代から置きざりにされてしまったかに見える仏教用語のいのちを、生き生きとした生活に生かしうる言葉として受け止めていけるかどうか、つまり、浄土真宗の信念が現代とぶつかる場面に、常に自己の生きた感性を置きながら、親鸞の思想を現代に提起してみたいと思うわけです。

＊本書は、二〇〇一年に東京文京区本郷に設立された「親鸞仏教センター」において、〈親鸞聖人ご命日講話〉として、毎月一回お話させていただいた内容を整理したものです。

第一章　現代の問題の基底にあるもの

科学の時代と宗教的自覚

一　露呈した問題とその根底—科学的なるものと凡夫の自覚

民族の誇りは消えない

一

去年（二〇〇二年）の暮れ、忘年会があったのですが、その折に、この頃の年の瀬や、あるいは正月ということが、数十年前とは随分変わってきたということをお話しましたところ、ある方が、それは風俗というか、習俗というか、そういう生活習慣が変わってきたということもあるけれど、それにくわえて、西洋の考え方の歳の数え方、つまり、満年齢で歳を数えるということが、すっかり定着したこととの影響があると思うと言われました。

私どもが幼い頃までは、数え年を使っておりました。私などは、遅生《おそ》まれということで、八歳で小学校に入った。早生まれの人は——早生まれというのは厳密には四月一日まで入るそうですけれど——七歳で学校へ上がる。昔ならば十五歳で元服とか、端午の節句も七五三もみんな数え年でやった。ところが、満年齢が導入されてそれがすっかり定着したことで、正月の意味が薄れたというのです。

数えならば、大晦日の十二月三十一日から一月一日になった途端に、みんな一緒に、同時に一つ歳を取るということが、何か年が改まるといいますか、何か新鮮な思いで、そこに区切りを感じたというわけなのです。

加えて尺貫法もそうで、私などは小学校、中学校では尺貫法で習っておりました。長さとか距離は、六尺だとか、三里だとかといっておりましたし、お醤油などの小売りは一合とか一升とか枡《ます》での量《はか》り売りでした。お酒ではまだ一合、一升という量が残ってはおりますが、そういうふうにあらゆる量目が全部尺貫法であった。

実は、アメリカへ行ってびっくりしたのですが、アメリカ自身は、みんなヤード、ポンド、ガロンで通しているのです。自動車のメーターなんかもマイル表示になっている。それで、メートル法はどこから来たかというと、もともとはフランスなのだそうです。

三年前（二〇〇〇年）に韓国に行きましたら、韓国では未《いま》だに、古い暦と、歳の数え方を残している。中国では、いうまでもなく、習俗は古い暦で、正月は旧暦で祝う。新暦の十二月三十一日から一月一日にかけても仕事は休まない。台湾でも中国でも旧暦の正月（春節《しゅんせつ》）に休暇がある。だから、旧来の生活習慣が強固に残っているわけです。

日本という国が、完全に何が何やらわからなくなった。何というか、近代化ということは、ヨーロッパ、アメリカに付いていくことだということで、それに倣《なら》ってあらゆることを変えて、暦の基準まで売り渡してしまったという感じがいたします。

幸か不幸か、言葉だけはまだ日本語が残っている。まだというよりも、おそらく、日本語は、幾ら知識人が英語に変えろといっても、百年や、二百年の単位で英語になることはないと思いますけれど。

ご承知のように、朝鮮を属国にした日本が、日本語で教育して、朝鮮人の姓を日本人の姓に変えて（一九三九年、創氏改名公布）、そして言葉も全部日本語にしようとした。そして台湾もそのようにした。

一九四五年の敗戦まで、台湾は五十年（一八九五年、台湾総督府設置）、朝鮮は三十五年（一九一〇年、韓国併合）でしたか、その間、とにかく教育という教育は全部日本語でやって、そして表向きの正式な言葉は日本語であるとした。他の言葉は外国語だから使ってはならないという戒厳令下のような形で教育をしたにもかかわらず、少しも朝鮮語は損なわれない。

台湾においても、中国語は損なわれない。もちろん日本語の話せる人はたくさん生まれましたけれど、だからといって、彼らが中国語や台湾語や朝鮮語を忘れることは決してない。インドでは、イギリスが何百年と属国にしたけれど、ヒンドゥー語は今も相変わらず健在です。

そういうわけで、いくら蹂躪《じゅうりん》されようと、その民族のもった言葉というものは、そう簡単には消えるものではない。

いま、ナショナリズムという問題が随分とうるさい、難しい問題として語られておりますけれど、ナショナリズムの基礎になるのは、文化であり、そのまた基礎になるのは言葉でありますから、独自の言葉をもっているということが、その言語圏で独立したいという欲求を生み出してくるのです。

いま、世界では、スペインの北部のバスク地方で独立運動が起こり、あるいはイラクやイランに少数山岳民族、クルド人の他にも独自の民族がいます。そういう人たちが、独自に言葉をもっているわけです。そして独自の文化をもっている。それに対する誇りがある。

やはりそれぞれの民族には、その言葉、そして文化というものに対しての愛着と、執着と、誇りがあるわけです。それが、大事なのではないかと思うのです。誇りとナショナリズムとが重なるとやっかいなことになるのですが。

二

西田幾多郎《きたろう》（一八七〇〜一九四五）門下の四天王といわれていた、筆頭格の弟子である西谷啓治《にしたにけいじ》（一九〇〇～一九九〇）という方が、大谷大学に深い縁があって、私の若い頃に、大谷大学で哲学の講義をしておられました。

その頃は、まだ、非常勤でしたけれど、後に京都大学を定年退官されてからは、大谷大学の教授になられたのですが、昔の木造校舎の二階の、一番大きな部屋で、週に一度、大概は土曜日でしたけれど、西谷先生の講義があった。

それを私は、聴いていたのですが、今から四十年も前の話ですけれど、その西谷先生の話の中に、文化というものはそれぞれ個性がある、個性というものは消えないのだというような話で、それを消してはならない、消してはならない大切なものがあるというような話をしておられたのです。

その頃の私は、戦後教育を受け、民主主義教育と称するアメリカの価値観を優先する教育の中で育てられて来ておりましたので、やはりどこかにアメリカに対するコンプレックスというか、英語に対するコンプレックスというか、そういうものがあって、日本独自のものというようなことをいうと、すぐに戦前のような、天皇を立てて、神風が吹くのを待っているような、そういう悪い意味の精神性として聞き取る傾向があったのです。

噂でしたけれど、西田学派というか、京大の哲学というものが、戦前の右翼思想とかそういう傾向をもっていると、何となくそういうことが、世の中でとりざたされていたのです。

別に、西田幾多郎が右翼であったわけもないのですけれど、西田さんの弟子には、左翼もいれば、右翼もいる、両方あって、三木清《きよし》（一八九七〜一九四五）のように獄死した人もいたわけです。何か、戦前は、自由であることですら国賊であると言われて、とにかくべったりと天皇制に寄り添っていないと、日本人ではないというような悪い意味の民族主義というか、ナショナリズムが世の中を覆っていたものですから、それがつぶれた後の教育は、逆にナショナリズム否定、そして民族の誇りの否定、何でもアメリカが良いという形で民主主義教育がしみ通っていった。

私は、そういう空気の中で育ったものですから、西谷先生のその講義に、何か強い反感がありまして、この先生は古いのだという思いをもった記憶がありました。

今頃になって思いますと、西谷先生は、大事な問題を、あの時に学生に訴えていたのです。人間というものは、単なる理性的存在というわけではない。人間が育てられるということ、人間が生み落とされて育てられるということは、社会の中に、歴史の中に生まれてきて、生まれた情況で育てられますから、そこに山河大地とともに、故郷を感ずる。

つまり、故郷というものをもつことにおいて、人間は十全な成長をとげるということがあると思うのです。それが例えば、都会であっても、いわゆる山河大地といわれるような自然は、ほとんどありませんけれど、そこには、育ててくれる社会と両親、そして友だちや周囲の環境といったものが、その人にとっての故郷になる、ふる里になるのです。

都会は比較的ふる里意識が薄くて「故郷喪失者の群れ」といわれるようなところがあるのですが、それでもやはりそれぞれその土地の言葉、その土地の価値観がある。例えば下町の浅草あたりは、もう、べらんめえ調で、啖呵《たんか》を切って威勢よく生きている。

私は、満州で育ったものですから、小学校二年生、数え歳で九歳、今でいえば満七歳から八歳のときに日本に帰ってきて、父の生まれた下町の寺に入ったわけですが、やはり下町の言葉と価値観についていけなかった。それは、私が満州生まれで、ああいう大地での開拓農民の生活環境というものが、私にとっては故郷であったわけです。だから、下町というものは、私にとっては異郷だったのです。

やがて二十二歳で京都へ行って、それ以降二十二年間京都の生活をしましたので、私にとっては、東京の生活のほうが短かったのです。八歳で帰ってきて、二十二歳まで、十四年間。だけど少年期から青年期にかけて東京で育ったということで、私の言葉はぜんぜん江戸っ子ではないのですけれども、京都へ行くと江戸っ子と言われておりました。

強いて言うなら、私の言葉は標準語に近いわけで、下町弁にはならないのです。下町弁というのはまったく違うのです。「ひ」と「し」が一緒になって、おまけに「なんつうか」とか「しっちゃかめっちゃか」といった調子で、私にはとても使えない。

やはり、どこの土地でも、そこで育った人独自の言葉があって、身に付けることは絶対できません。だから何年居ても、私は京都弁にならない。真似はできるけれど、駄目なのです。

そういうふうに、それぞれが育って、そこで身に付いたものは、これは恐ろしいもので、どう言われようと直らないわけです。生まれ育つ中で、言葉と、両親や周りから教えられる価値観を自然に身に付けていく。それは自分自身にほかなりませんから、これを蔑《ないがし》ろにされることは人格を押し潰されるのと同じになるのです。

だから、そういうものをなくして平等にする、そういうものをなくして、民主教育だ、理性教育だといって、みんな同じだというふうにしていくということは、もしそれが近代の教育というものの方向だとするならば、それは間違っていると思うのです。

今の日本の教育方針が、根本から間違っていると思うのは、まさにそこなのです。近代化することによって、みんな同じようにものを考え、同じように言葉を覚えて、同じようになっていくのだというふうに、人間の大切さを忘れ、人間が失ってはならない自分自身の価値基準というもの、これは絶対にゆずってはならないということを、忘れさせる方向で、そういうふうにするのが教育だというのはとんでもない間違いなのです。

そういう教育が生み出したのが、今の日本を指導している多くのトップリーダーたちの価値観になっているわけです。近代教育が作った人間像は、こういうふうになるわけです。

田舎で育って、近代教育の画一を求めるような中にいない人間であったら、決して、現状のようにまで自己を売ることはしないでしょう。

三

そういう意味で、自分自身を本当に大切にする基準はどこにあるのかといえば、これは、自分で作るのではなく、実は与えられているのです。

この浄土真宗の教えにも、何代も何代にもわたる親鸞の教えを通しての頷き方があり、心の中に響いた大切な言葉、南無阿弥陀仏の中に込められた大いなる慈悲の心がいつしかじわーっと沁みこんでいるのです。そういうものは求めて得ようとしても、そう簡単には手に入らないし、頭でわかったからといって、その精神が入ってくるかというと、入ってこない。

法蔵菩薩《ほうぞうぼさつ》は一人ひとりの主体なのだ、ということが言われますけれども、一人ひとりの主体として、法蔵菩薩は無限の相《かたち》をとります。つまり一律同じ相ではない。

観音さまは、三十三身《さんじゅうさんじん》と言い、法蔵菩薩は十方衆生《じっぽうしゅじょう》そのものになりましょうと言う。十方衆生の一人ひとりは、みんな同じではない、一人ひとり違うのだ。全部違うのだけれども、法蔵菩薩の精神において平等である。

こういう視点が開けると、ナショナリズムというものの本《もと》になる、言葉とか、自己を支える価値観とか、そういうものを消し去ることなく、ナショナリズムを突き破る道が開けるのではないでしょうか。

だから、ナショナリズムを突き破るためにみんなを同じにしていく、つまり、だれもかれも故郷喪失者にしていくような、みんなを難民にしていくような方向で、ナショナリズムを超えさせるというのは、間違いだと思うのです。

アメリカの唱えるグローバリズム（globalism）というのは、世界一の武力と経済力を背景にして、自分の価値観のみが正しいとして世界中をそれに従わせようとする世界奴隷主義とでも言うべきものです。そんなことがいつまでも続くはずがない。武力では誰もかなわない、それはそうかも知れないけれども、武力だけで世界が全部征服できるなどと思ったら、とんでもない話です。自ら率先してすべての核兵器を廃棄して、その上で他の国も開発をしてはならないと主張する論理は決して出てこない。アメリカは、根源的に間違っていると私は思っています。

日本民族は、魂をアメリカに売り渡したみたいになっていますけれども、そろそろそれを取り戻す時がきていて、その原点が、南無阿弥陀仏だと、私は、そういうふうに信じておるわけでございます。

近代の価値観がつくる闇

一

スペインの首都マドリード近郊で、通勤電車に仕掛けられた爆弾が爆発して、百八十人以上の方が亡くなったという事件が、今朝の新聞（二〇〇四年三月十二日）に報じられておりました。

それで、もうあらかた十年になろうかというオウム真理教のサリン事件のことを思い出しました。テロということでは、二〇〇一年九月十一日に起きた同時多発テロ事件があります。テロという言葉と、その事件によって、いろいろなことが大きく動かされているというか、そういう情況になってしまっております。

モスクワなどでも爆発事件が起き、あちらこちらで民族独立運動、あるいは宗教的な抵抗運動があり、さまざまな弾圧の中でテロ事件を起こしていくということで、とめどもない、治めようもないような悲惨な状態にますます突き進んでいるというようなことを感じずにはいられません。

いったい、人間の根にどういう精神病理があって、こういった事件が起こってくるのかということについての分析と、その反省と、それについて徹底的に根を洗い出して、それを無くしていくというような努力というものが、ほとんど為されていないようです。

いつかオウム真理教の事件についての報道があったときにも、いろいろな識者が評論をしていましたけれど、なぜ、ああいう事件が起こっていったのか、なぜ若い人たちが、あそこに引きつけられていって、また、あのような事件を起こした後も、教祖の麻原が捕まった後も、新しくあそこの教団に引き込まれていくのは、いったいどういうことだろうという議論がありました。

その後も、そういうことについての分析と、それを止めるためのさまざまな歯止めということを、本当にしなければいけないということを言っておられるのですけれども、どうもそのことについて、一般社会も、我われも深く考えをいたさないで、批判だけして、それで過ごしているというところが、確かにあります。

アメリカ人で現代の価値意識というものの根本問題を取り上げようとしたハンナ・アーレント（Hannah Arendt　一九〇六〜一九七五）という女性の政治哲学者がいて、彼女は、人間存在の価値について、何を達成したかという業績での評価、業績的価値で人間の価値を決めていくということに、疑問を呈しました。そしてまた、それを経済価値に換算して、どういう業績があったから対価をいくら払うというやり方に重大な問題がひそんでいることを指摘しているのです。

たとえば、自分が会社で研究して、その発見した技術を使って売り出した製品で会社は大きな利益を得たのに、自分に対する報酬が少なかったと主張して、何十年も経ってから何億円もの支払いを求めて訴訟を起こした人がいました。これも、自分の業績を経済価値で判断して欲しいという一つの業績主義の一例です。

まあ、欲がらみですけれど、その根には、人間の評価を業績で、あるいは金銭をもって行うということがある。金銭的評価がない場合は、評価がなかったことになるのです。そのような価値ある発見をしたような人は、会社の中では、おそらく能力的にも人間的にも評価をされ、研究者として、楽しい生活を送ったに相違ないと思うのですが、そういったことは、価値とは思わずに金で評価してくれというわけなのです。もし、その段階で金をもらっていたら、おそらく他の人たちは、かえって人間的に評価をしなかったのではないかと、そういう思いさえするのですが。

こういう情況というのは、何かおかしい。若い人がそういう形で自分を業績で評価されたいと思って生きようとしても、多くの人の現実はそのようにうまくは行かないし、一方、そういう形で金が欲しいのか、あるいはそういう形で世間から業績評価を受けたいのかと、自分の中でそれに違和感を唱えるところがあって、どこか変だと思えてくる。そこを突くように、今の時代はおかしい、社会は間違っている、と呼びかける教祖が現れたりすると、その通りだと思って、ついつい引かれて行ってしまうことになるわけです。

業績でない形で、人間としての価値を認めてくれることに喜びを感じる。そういうことから、入信して、その組織を抜けられなくなってしまう。何か、そういったことも根底にあるのではないかと思えるのです。

結局、近代という時代、「近代とは何か」ということは、いろいろな形で捉えられますけれど、何でもかんでも理性の対象として分析し、物質の法則を発見したりそれを利用したりして大変便利な道具やらシステムやらを作って便利にし、合理化し、無駄を無くしていくということで社会が良くなる、社会が進歩するという評価が当たり前のように横行しているのです。

そして、生活を合理化する方向に向かって何か新しい発見をすることが業績になる。そういうことで、近代社会はどんどん便利になり、いろんなことが個人主義的になり、個人の場所が確保されるような錯覚が与えられて、共同体は崩壊し、家庭も崩壊し、学校教育も崩壊し、崩壊に崩壊を重ねていく中で、人間が個人的価値を生み出していけるような錯覚があるのです。

けれども、人間というものは、自分で自分の価値を見つけられるかというと、人間は人間の間に生きておりますから、お互いの視線の中で、自分が意識することを他人の意識に反映させて、あらためて自己を意識するという構造で成り立っていますから、自分で自分を見つけることはできないのです。

ですから、評価されたいということは、結局、他の眼を気にしているということなのです。もし、自分の価値が、自分で明瞭に見えていたら、他の評価など気にしないで済むとも言えるのですが、自分で自分を見るということができない以上それはなかなか難しいことです。

業績という形で、自分が他からの眼というよりも、業績的な価値や経済価値みたいなものを絶対価値みたいに錯覚して、それを誇ってみたり、憧れてみたりする。そうではないとどこかで感じながらも、流されていってしまうのが、現代という時代の構造のようです。

ところが、それを逆手にとって、人集めをしている教団に入って、全財産を布施せよ、お前の働いてきたすべてを教団に納めよと言われたときに、それまでとはまったく違う価値観、まったく異なる発想による人生を与えられて、楽しいというか、そういう形で自己を放棄して、自分の命の意味を教団が評価してくれる喜びで、精一杯働いたもの全部を、教団に上納してしまう。

そこには何の業績評価もなく、働いたものすべてを教団にささげる喜びと、それまで感じたことのない人生の喜びが与えられるというのですが、そのことこそが、教団を支え、麻原が居なくなっても、あの教団が一向に潰れる様子もなく存続している理由なのではないでしょうか。

近代化というのは、対象化であり、合理化であり、科学的な眼であり、ポジティビズム（positivism）という、何でも実証でき、実証できることをもって価値とするような、そういう発想ですから、一回限りの命を今生きているという自分、そのことの意味を自分で確保できない。自分を対象的に、その価値を作ろうとすると、業績主義のようなことになってしまうのです。

二

こういった中でこそ、存在の価値ということを問題にする大切さがあるのです。業績によって評価される価値をもたなければ存在の価値がないのかと、改めて問い直してみると、この命がこの命としてこの世に与えられてあるということは、そういう人間的価値を超えた存在の意味があるはずで、どんなものも意味なくして存在せず、「ある」ということこそが意味なのです。

ぺんぺん草であろうと、どんな雑草であろうと、人間が意味を感じなくとも、存在するからには存在する意味がある。人間は、何か相対的に価値付けして意味を見いだそうとするけれども、そういう価値的意味ではない、存在の意味があるはずです。

教育学者の尾木直樹さんが言われていましたが、自分の教える子どもたちの中で、身内に自分のことがまったく処理できない本当に不自由な子どものいる家庭の娘さんだけが、人間を殺してはいけないという発言をしたということです。他の子どもたちは、なぜ人間を殺してはいけないかという問いに答えられなかった、あるいは、殺したっていいではないかという発想になっていたと。ところが、たまたま事故に遭遇して自分で自分を動かせない、人から食べさせてもらわなければ食べることもできない、歩くこともできない、そういう不自由な境遇に陥った子どもを抱えた家庭だけが、最も倫理的に健全な発想といいますか、人間は殺してはいけないのだということをはっきりと言うことができたということです（「今日の子どもと教育の危機とは」、『現代と親鸞』第五号　親鸞仏教センター）。

つまり、価値として見れば、その子どもには経済価値も見いだせないし、かえってマイナス価値しかないかもしれない。けれど、その家庭にとっては、その子が居るということが、ものすごく大きな意味をもち、その子を中心に家族全員が、生きることの喜びを教えられて、そして強い連帯感が生まれ、毎日毎日を本当に充実して生きることができる。

そこに、大変な意味があるわけです。だから、そのような形でしか、人間は、現代の文明の中で与えられてある命自身にとてつもなく大きな意味があるということを確認できないのです。

何かすべてを、物質的価値に、物質的意味に置き換えないと意味がないということが、何かアメリカ的な価値観の大いなる間違いでもあるし、日本がそれを追いかけていくその方向が、大きな間違いの方向でもあるのではないかと思うのです。

それをどうすれば良いかということはわからないけれど、何か近代化の大きな流れというものが、人類を滅ぼすような方向に突き進んでいる。

私は、浅草に住んでいますが、隅田川の東側の対岸に東京都慰霊堂という記念堂があります。そこは旧陸軍被服廠のあった所で、もとは関東大震災の多数の犠牲者を追悼するために建てられたものなのですが、第二次大戦のいわゆる東京大空襲（一九四五年三月十日）で墨田区・江東区一帯が焼けつくされたときの犠牲者も合わせて追悼されています。先日、日曜日にふと通りかかると、そのあたりがものすごく混みあっていたので何があるのだろうと思ったら、戦災の記念日で、いろいろな式典があったようです。

その戦災のことを記憶している方は、今では七十歳以上、八十歳代の方々で、もうどんどん亡くなられていっていますが、目の前でたくさんの方が焼けただれて死んでいったことが忘れられない。焦熱に耐えかねて隅田川に飛び込んで、極寒の年でしたから川の水の上に雪が混じるといったふうで、飛び込んで心臓麻痺を起こす、凍え死ぬ、数えることが出来ないほどの人々、約十一万五千人といわれていますが、それほど多くの人々が一日で死んだのです。アメリカ人の兵隊にとって、相手の日本人の一人ひとりが憎いわけでも何でもない、ただ日本という国を叩き伏せるために、B29という爆撃機を使って焼夷弾をまき散らしていった。

例の九・一一の世界貿易センタービルの場合でも、その飛行機を乗っ取って突っこんでいった人たちは、そこに住んでいる人の顔を知っていたわけでも何でもないし、アメリカ人だけが死んだのでもない、日本人もたくさん死んでいる。場所がニューヨークということで世界中から集まった銀行マンやら、商社マンやら、一流企業の人たちがたくさん死んでいる。

そういう悲惨なことを平然としてしまうのが近代という時代の恐ろしさです。つまり、一人ひとりの命を、一人ひとりの命として愛したり、憎んだり、かけがえのない人をかけがえのない人として関係するということが壊されて、ただ量的に、そこに何人いるとか、どういう業績があるとかという、そういう資本主義的な仕事の場に、ロボットを動かすがごとくに人間が居るだけという、そういう発想になってしまっている。

だから、やる側も、やられる側も何人死んだとか、何人やっつけたとか、何億円損をしたとか、出て来る話はそういう話ばかりになる。何かそういうところに、近代というものが、生きている人間、たった一回の、他に替えることのできない大事な命を失うことによって、その家族は、他の人間には取り替えることのできない命を失ってしまう。経済的な意味ももちろんありますけれど、経済的以上に、その人でしかあり得ない大事な命の損失がある。こういうことをこの現代という時代は平気でやってしまうのです。

これこそが近代化のもつ闇であり恐ろしさです。この流れを止めることは不可能に思えますが、やはり、そういう近代化がもつ大きな闇を自覚して、近代化を求め、ただそこに向かって一方的に突き進んでいくのではなく、できることなら、少しでもそれに歯止めをかけて行く方法がないものか、と日々思い悩んでいるのですが。

三

最近、「スローフード」という言い方を耳にします。「ファストフード」に対抗して生まれた言葉のようですが、急いで食べて急いで仕事や遊びに向かうといった今のライフスタイルをやめて、ゆっくりと楽しんで食べ、仕事や遊びにもせかせかせずにゆったりとした気持ちで取り組むというような、ちょっと近代に逆行する価値観がかなり広まっているようです。

実際、効率的に成果を上げることに慣らされている私たちには、何事もゆっくり運ぶということがとてもむずかしい。ゆっくり進む時間そのものをじっくりと感じ取るということがとても困難なのです。

しかし、私たちが命の意味をもう一度自分たち自身の手に取り戻すためには、どこかで近代化と逆行する考え方や価値観を取り入れる必要があるのではないか。あまりにも極端な考え方では日常生活に無理が生じてしまうのですが、どうしてもそのように考える必要がありそうに思えるのです。

私自身も歳を取って感じるのですが、歳を取ってみると、だんだんと知らされる。身体がいうことをきかなくなって、頭もいうことをきかない。そしてあらゆる機能が衰えて行く。日々こういう命を生きているわけですが、それは価値が無くなるのではない。命は、みんなそのような命、その時その時の、一刻《いっとき》の命を生きるのですから、もし青年のほうが価値があって、老人は価値がないと考えるならば、それはやはり業績主義の発想であって、事実は、子どもであろうと、青年であろうと、老人であろうと、一個の命の存在としては、平等の価値をもっているのです。

経済価値として企業が使うには、若い人をゴリゴリ使うほうが良いのでしょうけれど、存在の価値からいえば、やはり一回限りの命を一生懸命生きている、その命の根にある生存そのものは、他に取り替えられない絶対の存在の意味をもっているのです。

そういうことを、無限と有限の関係でいうなら、無限が有限となって、有限の中に無限がはたらいている。それは、いつも、どこにあっても、有限の形に無限の意味があると。そういうことが、言葉として言えば、「南無阿弥陀仏」ということになり、阿弥陀仏に南無するということが、何処《どこ》にあっても、何時《いつ》にあっても、マイナスであろうとプラスであろうと、衰えようと、進もうと、そのようなこととは関係なく、南無阿弥陀仏があるということになるのです。

こういう眼をもって生きることも、現代に対する一つの大きな開けになるのではないかと思うわけなのです。

二　罪悪の自覚と救いの曙光―対話への基点

信心を歩ませ続けるもの

一

曽我《そが》量深《りょうじん》先生を憶念《おくねん》して、「鸞音忌《らんのんき》」という法要が、今でもあちらこちらで行われております。東京でも行っておりまして、今年（二〇〇三年）は、曽我量深先生の三十三回忌（ご命日は、一九七一年六月二十日）に当たるということで、盛大にお勤めをいたしました。

大谷大学の鸞音忌は、いつ頃からでしたかは、はっきり覚えておりませんが、はじめは、真宗学会と鸞音忌法要実行委員会という学生の会とが、協賛して始めたように覚えております。

今では、学生が主体になって、それを真宗学会や大谷大学も幾らか援助をしてくださっているようです。新しい講堂に、何年かぶりでお参りをし、曾我量深先生の額をお飾りして、その前での法要ということでした。

曾我量深先生の大きな仕事は、一つは、唯識《ゆいしき》でいう衆生の主体である阿頼耶《あらや》識《しき》と、『大無量寿経《だいむりょうじゅきょう》』（『大経《だいきょう》』）の物語の主体である法蔵菩薩という、この二つの名前を交互に照らして、考えていかれたのです。

阿頼耶識というのは、一体何であるかということが、本当のところよくわからないと、曾我先生は、そうおっしゃいます。そして法蔵菩薩も、『大経』を物語としてだけ読んでいたのでは、本当のところは、何の意味があるのかということはよくわからない。

この『大経』と唯識を交互に照らして、法蔵菩薩は、一切衆生を救わんがために、そのことが成就しないならば、如来の位を捨てよう、自分が如来に成《な》ることを止めようと誓う。こういう誓いのもとに、一切衆生のたすかるための願いを確認していこうとするのが法蔵菩薩です。

一方、阿頼耶識は、宿業《しゅくごう》重き命を担って、念々に積み重なってくる行為経験という生活の垢を背負い込んで、そして、新しく、念々に無限の可能性に向かって生きて行くという。そういう力を秘めたものが、阿頼耶識です。この阿頼耶識は、どのようなことであろうと、黙って、嫌な経験も、良い経験も、危険なことであろうと、何であろうと、黙ってその場所を生きて行こうとする。

好きだとか、嫌いだとかというのは、分別《ふんべつ》理性です。けれども、阿頼耶識は、与えられた境遇の中を、そのまま生きて行く、そういう阿頼耶識の性格と、敢えて、迷いの身を全部引き受けていこうとする法蔵菩薩とは、そこに相呼応するものがあると、曾我量深先生は感得されたのです。

曾我先生は、そう直感されて、「法蔵菩薩は阿頼耶識なり」という有名な命題を出されて、この問題を一生、重要なテーマとしてもち続けられたのです。

それまで真宗教学では、他力であって、自力を一切捨てるのだから、自力の努力も、自力の思いも、自力の行為に対する執着も、全部を捨てておまかせするのだと、ただ、任せるのみで、「南無阿弥陀仏」でお浄土に生まれて、たすかっていくという、そういう教え方であったのです。

そこには、確かに、純潔な他力の信になろうとする方向はあるのだけれど、他力に帰することまで、他力に任せるということがあって、全部おまかせで、何でも有り難い、ということになっているところがあるのです。

それは封建時代の、寄らば大樹の陰の生活であれば、そのほうが都合が良いかも知れないけれど、現代のような時代に、そういうお他力信仰ではもう説得力がない。

そういうところから、清沢満之《きよざわまんし》先生（一八六三〜一九〇三）は、「他力の信心」というものは、そのような情けないものではないはずだという直感があってのことでしょう。決断して如来に帰するということは、如来の信念をいただいたならば、「天命に安んじて人事を尽す」（『転迷開悟録《てんめいかいごろく》』）という、その人事を尽くすということは、人間の責任である。天命に安んじるのは「信心」だと、そういう分限をはっきりさせている。何でもおまかせだという、人生態度までお任せだという、何か、はっきりしない信念と教学では、これからの近代の時代にはつぶれて、無くなってしまう。そういう危機感から、清沢先生は、救いは現在に、「現に救済されつつあるを感ず」(「他力の救済」)、という表白をされた。

そういう非常に責任感の強い、道徳に対して真っ向から関わって、しかし、全うできないところは、他力の信念によって救われるという、そういう近代の信念の大事な問題を明らかにしようとされていったのです。

それを受けられて、曾我量深先生が、どこに問題があるかというときに、「如来と我」というテーマを清沢先生からいただいたわけです。それまでの信仰は、阿弥陀如来はお浄土におられる、我われはこの穢土に居ると。穢土に居る間はたすからないから、浄土の如来にたすけてもらうために、この世では念仏をしておく。念仏していれば、死ぬときに阿弥陀如来が来てたすけてくださるという、そういう図式の浄土教であったのです。

阿弥陀如来がお浄土という場所におられるという、物があるようなあり方を前提にして、「南無阿弥陀仏」を称《とな》えて、そこに往くということを教える教学であったのです。

けれど、「信仰」というものの本質は、疑いであると。あるとわかっているものは、「信仰」にならない。有るか無いかがわからないのを、信ずることにおいて、あると言いうるということが、信念であるという。そういうことを、清沢先生は「我が信念」において、信ずるとはどういうことかというときに、信ずるということは、「信ずることと、信ぜられる内容」と、「信ぜられる本体と、信ずることとが一つであります」（「我が信念」の取意）というふうに、表白されたのです。

これは、親鸞が、信心は如来回向《えこう》である。如来のはたらきで信ずることができる、信ぜられる内容も如来のはたらきである、つまり、本願が阿弥陀となり、本願が浄土となり、本願が信心となると言われたことを意味します。

本願というはたらきは、本願というものがあるのでもないし、法蔵菩薩というものがあるのでもない。自分が信ずることができる、信じられる内容も、信ずるべき対象も、そして信ずるということが起こること自身の根拠をも、如来のはたらきと信ずるのだ、と言う。

そういうふうに親鸞が、実体観を払って、「南無阿弥陀仏の信念」の意味というものを明らかにしてくださっているにもかかわらず、その後の封建教学は、やはり実体を立ててきた。阿弥陀如来は居るのだ、お念仏を下さったのだ、お念仏をしたら阿弥陀如来の浄土に往けるのだという、あたかもこの世に物質的に存在するかの如くに説明する教義学であったのです。

二

それに対して、曾我先生は、はじめはその教義学が正しいという立場であったようですが、清沢先生の求道心に触れられて、立ち直られて、そこから、疑いに疑う聞法というものを貫かれた。

それが、満九十歳の頌寿記念（一九六五年十月十六、十七日）で、現役の九十歳の学長という、まあ、傍から見れば、もうお年寄りで引退だというような歳でもあるし、もう功成り名遂げて、円満成就した立派な存在であり、もう恥ずかしいことは世には言えないという、そういう立場であるにもかかわらず、九十歳の記念講演に、「如来あっての信か　信あっての如来か」という疑問形の講題を出されて、講演をされた。

そこで、自分は、このように年寄りになったけれど、これまで聞法生活を持続できたのは、若き時代に、清沢先生からいただいたこのテーマがあったから、自分は、一代、一応道をそれることなく、聞法して来られましたと言われたのです。

曾我先生は、何歳頃に清沢満之先生にお会いされたのかはよくわかりませんが、十九歳で、京都に出られて、真宗大学に入られた。そういう縁で清沢先生に触れておられたに相違ないと思います。

そして、真宗大学が東京に移転開校したとき（明治三十四年）に、東京に来られて教壇に立たれた。その曾我量深先生は、清沢先生の門下の方々が立ち上げた浩々洞《こうこうどう》から発行されていた『精神界』に対して、浩々洞一派を糺《ただ》すというような形で、敢然として論争を挑んだわけです。

明治三十四（一九〇一）年のことで、曾我先生は明治八（一八七五）年のお生まれですから、二十六歳でした。二十六歳の年に、当時すでに押しも押されもしない大家であった清沢満之に向かって、論難の矢をいかけたという、大変な意気込みです。

それは非常に難しい文章です。けれど、その論難の矢をいかけたその後で、曾我先生は、それについて清沢先生からの答えはいただいていない、自分が完全に納得するような答えを受けていないけれどもとおっしゃりながら、清沢先生が、大学を辞められて郷里に帰られた後、浩々洞に入洞しておられるのです。

そして、九十歳の記念講演の最初に、自分は若い時代に清沢先生から、こういうテーマをいただいたといって、さきの、「如来あっての信か　信あっての如来か」というその疑問形のテーマを出された。

つまり、二十六歳の時に論難をしかけて、六十余年。清沢先生とは、すぐに生き別れてしまった。清沢先生の没した明治三十六（一九〇三）年には、曾我量深先生は、二十八歳になっておられました。

二十八歳の時に生き別れて、それ以来、九十歳まで六十二年間、六十二年経って、若き時代に、清沢先生からいただいたこのテーマがあったから、自分は、一代、一応道をそれることなく、聞法して来られましたと言われた。

大谷大学の木造の講堂で、満堂の人々に向かって、まあ、一介の小僧が言うのならともかく、九十歳の現役の学長が、そういうふうに仰せられた。その言葉は、本当に私の耳に残って忘れられません。

それは、曾我先生の本心だろうかと思うほど、いわゆる人間的な謙虚さというようなものではない。「本当に、これのお陰で歩めました」と、そうおっしゃって、大長広舌をふるわれた。

曾我先生のお話ですから、学生如きものが聞いていてわかるはずがないのですが、壇上で獅子吼《ししく》されるそのお姿は強烈で、確か、午前、午後と二講あったかと思うのですが、午前は、「如来あっての信」という、そういう方向の話でした。

「如来ましますが故に信ずることが出来る」というお話、それは、曾我先生にとっては、「行巻」の問題だということを私は聞いていていて思いました。午後からは、「信あるがゆえに如来ましますと」と。今度はそれは、「信巻」のテーマだろうと思いました。

聞いていた限りでは、この問いにはっきりとした答えはない。曾我先生は、どちらの立場を言いたいのだろうと、つまり、行あっての信、信あっての行、これは、堂々巡りであるわけです。

つまり、答えのない問い、それが聞法させるのだ。答えがわかったら、聞法は、もう終わりである。答えはない、常に疑いがある。常に疑うところに、強固な信念というものが、確認される。強固な信念といっても、ガチガチに教学を固めるという意味ではないのであって、常に、この人間の都合のよい意識というものが、自己中心の世間観をもち、自己中心の自己領解ということで、一《いち》如《によ》の功徳をいただいて、一切の命が成り立つ、一切の因縁を全部たまわっているにもかかわらず、俺が、俺がという思いでしか生きられない我ら凡夫というものがある。

この凡夫が、その迷いを、間違いと気づきながら歩んで行くということが、信仰生活ですから、常に疑いというものが晴れるということはない。生きている限りにおいて、自我関心があるという質の疑いです。

何かを疑うというのではなくて、如来の教えを、一如の功徳をそのままには生きられない、ということが疑うことになっているという営みです。

それを翻《ひるがえ》しながら、「南無阿弥陀仏」のはたらきにおいて、一如の功徳が来ている。かたじけないという思いを回復しながら、にもかかわらず、煩悩具足の凡夫であることは、一向に改まらないという事実があるのです。そこに聞法生活があるのですし、浄土真宗の生活があるのです。

信じたら、もう、そのまますかって仏さまに成る、そういう話ではない。そこに、曾我先生が、課題をもらって歩み続けたということの意味が、少しく頷けるわけです。

その講演の内容を、ある方が、テープ整理をして、本にしたいといって曾我先生のところに持っていったときに、自分はもう見る必要はない、しゃべったことは、あなた方が整理してください、それはお任せしますと言いながら、しばらくそれを預かられて、やがて「我如来を信ずるが故に如来在《まし》ます也」という題で出してくださいと言われたというのです。

「我如来を信ずるが故に如来在ます也」、これは、つまり自分の立場は、信にあると。信にあるからこそ行があると言える、ということでしょう。

ロサンゼルスの別院の輪番をしておられた伊東抱龍《ほうりゅう》さん（一九一一～一九八五）という方の奥様が、曽我先生に、「仏様とは何ですか」と質問したときに、「仏様とは、南無阿弥陀仏であります」と、こうおっしゃったというのです。だから、如来とは、行となった如来、はたらく如来であり、固定的、対象的にある如来ではなくて、願が行となって、我らに信を喚《よ》び起こし、信となって我らを生きてくださる如来、それが南無阿弥陀仏である。「大行《だいぎょう》なる南無阿弥陀仏」であるということです。

「我如来を信ずるが故に」、つまり、これは、如来を信ずる、そこに如来の本体があるという清沢先生と同じです。実体としてあるのではない、如が来ているという。本願がはたらいているという。そういうことを感じ取って、有限なる情況の中に、無限のはたらきを感じ取るという。単に有限に苦しみ、有限の情況をもがいて、有限に挫折するのでなくて、有限の情況の中に、来たっている無限のはたらきを感じ取るところに、有限の苦しみを超えていく、信心の生活の歓びがある。これが、曾我先生が、九十歳の記念で語られたことの本質です。

三

そして、そのことが、実は、近代という時代になって、自我中心の、そして自我と物質との対決といいますか、人間と世界が割れて、自己と他人も割れて、我が強くなればなるほど、対象は単なる物質になっていって、生きた呼応が薄くなっていく。そういう近代の大きな流れの中で主体ということがいわれたわけですけれど、その主体は、実は、如来によって支えられている主体といいますか、如来を潜《くぐ》った主体なのです。

主体に対して、実体としてある他者としての如来ということであれば、これは近代の感覚では、本当には実証できない。対象として信ずることができないものです。もし、それを対象として信ずるなら、それは、迷信ということになるでしょう。

迷信をそのまま信ずるということは、それは、全然できないわけではないけれど、圧倒的多数の人間は、それを信ずることはできない。誰でも信ずることができる道理であるなら、この濁世《じょくせ》を生きる一般常識からはたとえ見えないとしても、迷いが翻されたら誰でも見えるという、そういう道理というものを明らかにしなければいけないのです。

その、誰でもが見える道理を開く心が、信心である。その信心自身をどうやって開くかという道筋について、親鸞は、「三願転入《さんがんてんにゅう》」ということを教えてくださった。

そういう道筋と道理というのは、実体を立ててそれを信ずることではないのです。「南無阿弥陀仏」は、方便法身ですから、願心が仮に名となった。仮にといってもそれ以外に方法がないから、言葉となって我われに呼びかけている。

言葉となるということは、十方諸仏の証誠《しょうじょう》ですから、誰でもが、それならよいというような方法だということは、その言葉を通して、誰もが、本願他力の信念に乗じて、自我関心の苦しみを超えていける道筋であるということです。

そういう点で、清沢先生の願いを受けて、曾我先生が、結局、近代的なものの見方、それはつまり対象的に、実証的に、何でも証明したり、解明したり、生命の根源にまで、電子顕微鏡的なレベルにまで解明が進む中で、生きている事実そのものは、その解明によっては創造できないことを強調されたわけです。

今ここに生きている実存というものは、科学では作れない。科学は有限的ではなく、科学は、理性から理性へと受けつがれ、積み重ねられていくから、死ぬことはない。けれども、その対象たる命というものは有限であって、生まれて死ぬものである。生まれて死ぬ一個の実存というものは、科学では作れない。たとえ作りえたと仮定しても、作られたその実存自身は物質化してはならないのです。

生きている実存は、自分に苦しむ存在として、自分がなぜ生まれたのかという意味を確認できなければ、自殺もしかねない。そういう存在を作ってよいのかどうかという問題こそが、今、問題になりつつあるのです。

そういう時代ですから、物質を対象的に操作する科学というものが、一回限りの自分の命を苦しみながら生きる存在を作り出してよいかということです。それは大問題です。

おもちゃは作ってよい。あるいは今、牛やら羊やらは、人間の食べ物として、人間が勝手に作るところにまで、技術が進んだ。これも可哀そうな話で、別に、羊だって牛だって人に食べられるために生きているわけではない。けれど、人間が勝手に育てて食用にするわけです。食物として生まれてきているわけではないのですけれど、人間が食べてしまう。

ところが、その食べる側の人間それ自身を、科学の技術で作るということは、これだけは絶対に許されないことなのです。

近代という時代は、科学文明万能の時代で、その中で、他力の信念というものは、人間実存の真実ですから、決して迷信ではなく、かといって科学でもない。宗教というものは、実存的真実である。信ずるが故にましますという。その信ずることができる充分な真理内容をもっている。

信ずるといっても、対象的な何ものかを信ずるのではない。現実の、事実に対する妄念を払って、この実存の意味に深く頷くことを信心という。そういう信の本質というものは、近代において、神話を信ずるとか、語られた何かを、わからないながらに信ずるとか、そういう話ではなくなっている。

今では、聖書に書いてあるから信ぜよと言っても、そのまま信ずるということは、もう、迷信を信ずるのと同じですから、経典に書かれてあることをそのまま信ずるわけにはいかない。やはり、その意味を信ずる、経典が何を語ろうとしているかということを領解して信ずる。こういう時代である。

哀れなるかな、我らの時代は、人間が傲慢になり、理性が盛んになった時代ですから、そういう時代の人間として業を捨てるわけには行きませんから、それを通しながら、しかし、真理は真理としていただいていくという。そういう道を開いてくださったのが、清沢先生であり、曾我先生であると言えると思うのです。

近代教学ということが、何か、難しいことを言っているようにしか思われないのですけれど、そうではないのです。その難しさというのは、結局、疑いを潜りながら信ずるということの難しさなのです。

すでに図式としてあることを信ぜよというなら、それは易しいことかも知れないけれど、誰もそのことを本当には信じられない。だから、易しくしたら信じられるかといったら、そうではない、かえって信じにくくなるのです。

信ということには、そこに、深い疑いを破る大変な営みがあるのです。曾我先生自身も容易に信ずることができないので、自分が、本当に信ずるということができることは、こういう道理であるということを、探し求めて、苦労して表現しようとされているのです。

そこに、曾我先生にはなかなかついて行くことができない難しさがあるのです。これは大変なことです。宗教は本来的に、誰でも信ずることができるはずのものですから、そういう難しい苦悩というものを潜った表現を、もう少しわかるようにする努力は必要かも知れませんけれど、本質的には、易しくすれば疑いが解けるかというと、そういうものではありません。

そこが難しいところなのです。けれど、本当に信じているという事実、ここに如来を信じている事実があるということを生きていれば、そこに伝わるということが起こるのです。

これは例えば、坂東性純《ばんどうしょうじゅん》先生（一九三一〜二〇〇四）が、かつて東京教区の発行物に書いてくださったこと——どうして山伏の弁円《べんねん》が親鸞に頭を下げたのかという、その問いを先生が出されています。

そこに、親鸞が南無阿弥陀仏の信念を生きているという事実がある。何も権力や権威があるわけでもなく、威張りくさっているわけでもない、肩をいからせているわけでもないのですが、「聖人左右《そう》なく出会《いであ》いたまいにけり」（『御伝鈔』）と、すっと出てこられた親鸞に、さすがに自ら修行して、何かしら精神力を作っていた弁円は、何ごとかを感じとったのでしょう。それは言葉ではない。これは本物だという直観、言葉（ロゴス logos）にするなら、親鸞に響いている本願が、弁円の心を貫いたのだと。まあ、そういうふうに言ってもよいかも知れません、語らずして本願が、響いたのだと。

しかし、それは説明です。やはり、事実は、そこにすうっと出て来た親鸞という人に、もう圧倒されたのでしょう。何が圧倒したかと言えば、やはり自力を捨てて、本願他力に、そのまま任せて生きておられる親鸞のその自由さというか、おおらかさというか、柔らかさというか、何とも言えない、その親鸞がもっている世界というものが、窮屈な世界で頑張っていた弁円を打ち砕いたということだと、そう思います。

そういう力が本願力なのでしょう。だから、そういう本願力というのは、あるとかないとかでない、人間がそれを信じて、それを生きているところに本願力が証明されるわけです。そういう形で、これからの教義学というものが、語られていかなければならないわけなのです。

進歩史観を批判する原理

一

この間、老人介護にかかわっておられる三好春樹さんをお呼びして、お話を聞きましたが、三好さんは、人間は、ある意味で青年期までを進歩というなら、それからは退歩だと言われて、歳を取ってだんだん衰えて、覚えたことも忘れていき、蓄えた力も失っていき、最後は、よぼよぼになって死んでいく。だから生命あるものは、ある意味で進歩したら、必ず退歩するものであって、人の一生がひたすら右肩上がりに進歩するものと考えるのは、間違いであると。歳を取って、だんだん衰えて行くのを、進歩からの落ちこぼれだというような見方、それを悪いことと見る見方というのは、大きな間違いである、というお話でした。

その時に、親鸞の還相回向《げんそうえこう》という言葉をお使いになって、行きっぱなしではおかしいではないかと、還ってくるのだという、そういう珍しい言葉の使い方をなさったわけで、これは私には、非常に印象的でした。

回向ということは、教学的には、「弥陀の回向成就して　往相《おうそう》還相ふたつなり」（『高僧和讃』）と、こう言われて来ますから、如来の回向が、往相、還相という二面を開いて、そして衆生に呼びかける。

そうすると、「弥陀の回向成就して　往相還相ふたつなり　これらの回向によりてこそ　心行ともにえしむなれ」と、私どもの「南無阿弥陀仏」を信ずるというようなことは、自分で幾ら考え、自分で幾ら体験を積んでも、そういうことはわからない。そこには、如来の回向が成就するのであると、それは如来の回向のはたらきであると教えられてある。

本願が衆生を救いたいと願い続けて、はたらき続けて、それが回向という形で成就したときに、初めて私たちは、「南無阿弥陀仏」を信ずるということができるのだと。

私たちは、南無阿弥陀仏という言葉を、おまじないだと聞かされてそれをやってみるということはあるかも知れないけれど、南無阿弥陀仏に人間として本質的な意味があるかどうかは、わからないし、なかなかそうは考えられないでしょう。

ボランティアをやって、少し人をたすけるとか、経済活動をやって大もうけをするとか、あるいは科学研究をして、進歩に大いに寄与するとか、そうした新しいことや、人助けといったことは、これは人間の良いことだと考えている。けれど、「南無阿弥陀仏」と称えることが、無上の功徳をいただくことで、それ自体がこの上ない善であるなどということは、普通、人間にはとても考えられないことです。

一体、そういうことに、何の意味があるのかもわからないでいるものなのです。それが人間にとっての善であるとはとても感じられないでしょう。

そういう、人間にとって善とはいえないものを、なぜ、人間が歓ぶことができるのか。それを親鸞は、如来の願いが人間に響いて、人間の上に、本願が成就するからなのだと、すなわち回向成就なのだと言われて、そういう独特の考え方を開いてくださったのです。これは、普通に考えてみて、幾ら考えてもよくわからないことです。

ですから、特に、現代という時代が、進歩主義的といいますか、赤ん坊として生まれ、成長していくのだと、原始人から生まれて来た人間が、だんだんと進歩していくのだという、その進歩の先に何があるのかということは、考えないで、ともかくも進歩していくのだという発想で、そうした理解を進めていけばいくほど、なおさら「南無阿弥陀仏」の意味がわからなくなるのです。「南無阿弥陀仏」を称えてどうなるのだ、どういう進歩に役立つのかという考え方しかできなくなります。

しかし、これが重要なことなのですが、仏教というのは、こちらに愚かな人間がいて、向こうにすばらしい理想の世界があって、それに向かって歩むのだという、そういう考え方ではないのです。

我われが、仏教がわからなくなっている一つの原因は、二元論によって、こちらに有限な人間がおり、向こうに神の国のような良い世界があって、そちらに向かって人間は進歩するのだという、そういうイメージが、当たりまえの常識のようになっていて、日本人もどうも、その論理に巻き込まれてしまって、そこに向かって生きることは、立派なことだと説得されてしまっている。

ところが、仏教はそうではない。仏教が生まれるもとの考え方は、輪廻転《りんねてん》生《しょう》といいますけれど、人間の命にしろ、動物の命にしろ、何かこう、ぐるぐる回って、どちらかの方向に向かっていくというよりも、命が繰り返し、繰り返し、ぐるぐる回っていくという考え方です。

犬になったり、猫になったり、馬になったり、羊になったり、人間になったり、時には天人のような良い境遇になったり、地獄や餓鬼のような情況になったりと、留まることがない。生まれては死に、死んでは生まれていく、そういう情況を生きていく。

そういう情況を、人間であることによって、一遍終わらせるのだ、と。人間が覚《さと》ることによって流転を終わらせると、お釈迦さまはおっしゃった。そして、終わらせることで、涅槃《ねはん》に至るのだということをおっしゃったのです。

お釈迦さまは覚りを開かれて、そのまま涅槃に入ったかというと、そうではなくて、覚りを開かれて、それから、もう一度、迷っている人たちの所へ出ていって、自分が開いた覚りの歓びというものを、人に伝えようと努力をされて、三十五歳から、八十歳までの四十五年間を本当に無一物《むいちもつ》の生活をしながら、人々に、仏法の救いというものを伝えられました。

その時の根本の教えの、一番の大事な点は、「無我《むが》」です。我《が》は無いと。因縁によって実体は無いという教えなのですけれど、そこに、お釈迦さまは、「八正道《はつしょうどう》」ということを教えられたのです。

八正道というのは、生活するについて正しい生き方をするということを、八つの形で教えられた。生活の言葉にしろ、生活態度にしろ、あるいは自分の思いにしろ、ものの見方にしろ、すべて正しくしていくという、その正しくするとは何であるかということは、よくわからないけれど、ともかく無我に立って生きるということを、具体的に、正見《しょうけん》・正思惟《しょうしゆい》・正語《しょうご》、正業《しょうごう》、そして正命《しょうみょう》・正精進《しょうしょうじん》・正念《しょうねん》・正定《しょうじょう》という、そういう具体的な項目を八つ教えられて、それを生きながら無我の実践をしていくということを教えられたわけです。

これが、仏教の一番始めの説法と言われているわけですが。そのことを、繰り返しおっしゃりながら、時に応じ、人に応じて、少しずつ新しい内容を加えていかれる。基本的には、ひとり独立して人からの布施をいただきながら、無我の命を生きていくという、そういうことを実践された。そして大勢の方々がそれを真似て、お釈迦さまの跡を継いでいったわけです。

詳しくは触れませんけれども、こういう流れの中から、いわゆる大乗思想というものが、お釈迦さま亡き後、五百年ほどたったころに、出てくるわけですが、これが日本に伝わって来ているわけです。

ともかくも、小さなインドの村落単位の生活においてさえ、他の違う考え方、違う思想、そういうものがぶつかりあっている。その中で、仏教が他を説得するという仕事が必要になるわけです。

私は先日、龍谷大学の学長をなさった上山大峻《うえやまだいしゅん》先生のお話を聞いていて、なるほどと教えられたことがあるのですが、なぜ、仏教が西域地方に広がって行ったのか。他にも宗教がたくさんあったはずである。インドにもヒンドゥー

(Hindu)の神々が多くいる。そういう中で、どうして仏教が伝わっていったかというと、その理由の一つに、やはりシルクロードという、あの商業の流通ということがあったのではないかという捉え方をしておられました。

つまり、商業が成り立つには、人を排除したり、人を拒否したりしているところでは、商売は成り立たない。どれだけ考えが違っていようと、どれだけ信仰が違っていようと、物のやり取り、経済のやり取りについては、そこにはかなり厳しいやり取りが、昔からあったに相違ないけれど、お互いに損はしないように、お互いに利益を取り合うというか、そういう商業の基本ベースというのが、あるはずで、それが無ければそもそも商業というのは、成り立たなかったでしょう。

そういうことがどうして成り立ったのか。なるほど不思議なのです。みんなが自分たちの村落単位を守って生きていくという生活から、他から流入してくる物資が、そこを通り抜けていき、そういうことで生活が潤うということが起ってくる。初めのうちは、珍しいものが入って来たら奪ったり、そのままそこに留め置いたりで、通り抜けはなかなか難しかったことでしょう。

ましして、貴重なものとなると、『千夜一夜物語』を持ち出すまでもなく、泥棒や山賊を職業にするような人たちがうじゃうじゃいた時代に、物を流通させることは大変なことだったに違いありません。

そういう情況の中であるからこそ、無我の仏教が受け入れられていった。お互いに相手を受け入れ、お互いに認め合うということが成り立つ思想として仏教が伝わっていったのではないかと考えられるというのです。

上山先生も言っておられましたけれど、キリスト教でも、ユダヤ教でも、あるいは、イスラム教でも、自分の宗教が正しいとなったら、それは、神さまの命令ですから、これを信ぜよと、信じないならお前等を殺すという形で、圧力で伝わっていった。

神が居て、人間が居て、神の言葉が人間に来る。つまり、宣教というようなことが成り立つのは、自分は、神の言葉を聞いた、神のはたらきを自分は体験した。だからこのことをお前も信ぜよ。自分は神から直接使命を受けて、神の代理になって、相手を説得する。これを「宣教の信仰」というのです。これを広げるのは、力ですから、力すなわち武力と一緒、軍隊と一緒に伝わっていくのです。

こういう形での宣教は近代に至るまで続きました。南米、アフリカなどすべてが、キリスト教になっていったのは、それは、皆殺しにして伝えていくわけです。あるいは全部、奴隷にして伝えていくわけです。

ところが、仏教だけは、お釈迦さまが初めに示されたように、そういう自分の信念を政治的圧力で伝えていくという方法を極力とらない。王さまが信じて、それを国民に流布するということはあったでしょうけれど、相手を撲滅して、自分の信念を伝えていくという、そういう発想は、仏教からは出てこない。少なくとも無我の思想からは出てこないのです。

無我の仏教をどうしても伝えようとする、そういうことがどうして起こったのか、ということは一つの謎です。伝えたいという使命をもった人々が大勢いて、命がけで伝えていったには違いありませんが、それは決して一方的に人間が進化するからだとか、自分のほうが偉いからだとかという発想ではなかった。

この愚かな人間として、共に煩悩に苦しむ人間として、そこからの解放の歓びを伝えたいという時に、自己を絶対化して伝えるのではなくて、相手の痛みを苦しみ、相手の煩悩の生活を悲しみ、六道流転の生活の辛さを自分の過去そのものとして、そのことからの解放を願って伝えていくということがあったのでしょう。

これは、お釈迦さまが、初めに、そういう態度で世俗にかかわられた。お釈迦さまは、自分のほうが偉くなったから、お前は信ぜよという形ではないのです。

だから、人間の力として神がはたらいたから、俺のほうが偉いという発想ではなくて、苦悩の衆生を救いたい、苦悩の衆生を救いたいということは、どこから出て来たかというと、苦悩から解放された歓び、解放させるはたらきというものが、自分を超えてある。それに目覚めさせようと、その道理に気づいて欲しいという願いが動かしたということでしょう。

二

それが、大乗仏教ということになったときには、あらゆる衆生にかかわり、あらゆる衆生を救いたいということですから、どのような信仰であろうと、違う考え方であろうと、そういうものを包んで、本当に解放された命を与えていくにはどうしたらよいか。その時に、涅槃は単に終点ではなくなって、「大涅《だいね》槃《はん》」という概念に変わっていきました。

大涅槃というのは、本当の涅槃から衆生にはたらいて来るという、その大涅槃のはたらきとして、本願が選択され、本願が浄土を建立した。これは衆生を救おうとするはたらきと別ではない。つまり、大悲が、方便として浄土を建立するということは、大涅槃のはたらきです。大涅槃のはたらきが、教えの形として、法蔵願心を生みだし、阿弥陀如来を生み出してきた。

ですから、阿弥陀如来は絶対者ではない。阿弥陀如来は、大涅槃からはたらき出た、つまり、本当の解放を衆生に与えようとはたらき出る。それによって、人間が無我のいのちを本当に自覚せしめられる。

自分が無我を体験しようと思っても、体験できる人は一人も居ない。けれど、無我というのは、真実であり道理であるのです。我われは、自分に執着していて、無我になれない。我われは、我執を離れられないけれど、本来は無我というのは、真の事実であるわけです。

我われは、我われにはたらいて来ている本当のはたらきの中にあるのだけれども、迷いに迷って、我執で苦しんでいる。しかし、そこにある本当のはたらきは、大涅槃のはたらきである。本当のはたらきを本願として教えて、そして衆生を大涅槃のはたらきに包み、大涅槃のはたらきからまた他の衆生へはたらいて行くという、そういう大きなはたらきを「本願の因果」として説き、本願からのはたらきとして教えられたのが、親鸞なのです。

親鸞は、涅槃のはたらきを積極的に理解されて、本願自身が人間の上にはたらいて、本願に響いた人間に、本願が成就する。これを本願からの回向だと、本願からの「回向成就」であると。こういうふうに領解されたのです。

この考え方は、人間は、愚かであるから、これを少しでも愚かではなくなる方向に、愚かさというものを断ち切って立派な存在に向かわせるという発想ではないのです。愚かであるところに、おおいなる大涅槃のはたらきがはたらいて来て、そこにおいて成就するという。そういう考え方なのです。

そこで初めて、愚かな凡夫としての平等性、本当にどのような考え方であろうと、どういう情況であろうと平等であるということを、本当に成り立たせる。そしてその歓びと、そのことによって解放された命が、本当にはたらいて行くことを与える原理が、「本願力回向」であるということです。

その本願力回向のはたらきを、具体的に、自覚的にもたらす、そういう方便のはたらきをもたらす一点として、「南無阿弥陀仏」という言葉が選び取られた。

譬喩的な話ですけれど、「南無阿弥陀仏」が、どういうものかというときに、親鸞は、「真如一実《しんにょいちじつ》の功徳宝海《くどくほうかい》」（『教行信証』「行巻」）ということをおっしゃるわけです。真如一実の功徳宝海、これは、もとは『浄土論』の「不虚作住持《ふこさじゅうじ》功徳《くどく》」の言葉ですから、浄土の功徳です。浄土の功徳は、本願が浄土を荘厳した。因位《いんに》法蔵の願いが、阿弥陀如来と成ろうとするときに、浄土を建立する。その浄土の荘厳の中に仏功徳があって、阿弥陀如来のはたらきがそこに表現されているのです。

そこに不虚作住持功徳の言葉としてあるのが、「観仏本願力《かんぶつほんがんりき》　遇無空過者《ぐうむくうかしゃ》　能令速満足《のうりょうそくまんぞく》　功徳大宝海《くどくだいほうかい》（仏の本願力を観ずるに、遇《もうお》うて空しく過ぐる者なし、能《よ》く速《すみ》やかに功徳の大宝海を満足せしむ）」である。功徳の大いなる宝の海、これが浄土の阿弥陀如来のはたらきです。

その功徳大宝海を、親鸞は、行のはたらきとして、「大行」のはたらきとして押さえられた。真如一実の功徳の宝海、これは、大涅槃のはたらきと同じことであると。その大涅槃のはたらきが、「行」となる。その大いなるはたらきとなったというのが「南無阿弥陀仏」であるわけです。「南無阿弥陀仏」が、功徳の宝海であるという。言うならば、「南無阿弥陀仏」が浄土であるということです。

ですから、浄土は、阿弥陀如来の願いが開いた世界であるのです。それを方便として、一点に集約したものが、「南無阿弥陀仏」であり、これが行であり、「南無阿弥陀仏」の大行であるということです。

これが、衆生の上に信ぜられるということが、「南無阿弥陀仏」の「行信」であって、そのことを成就するはたらきが、本願力であるという構造なのです。

そういうことによって、私たちに何が与えられるかというと、愚かな人間、とにかく人間は、自分が愚かであるにもかかわらず、愚かさを少しでも無くして、神に近づこうとする。こういう方向が教えられると、人は誰もそれが正しいと思う。思うけれど、それが、実は大きな妄念であるのです。

正しさの名において、人間を引きずっていく。人間を説得して引きずっていく。これが、恐ろしい戦争も引き起こすし、俺のほうが正しい、お前等のほうが間違っているという、そういう論理も、やはり、俺は神に近いのだ、お前等は未だ低いのだという、そういう発想も全部、人間の大きな妄念ではないかと思うのですが、人間には、そういう正しさを主張するほうが魅力的に響くのです。

だが、我われは、愚かな凡夫である。どうやってみても、愚かな凡夫として生まれて死んでいくなどと言ったら、情けない、そのようなことでは駄目だと。もっと立ち上がって進歩に向かえ、と言われると、人間は、そちらのほうが正しいように思ってしまうところがあるのです。

どうもそこが、近代の人間観の、大きな間違いではないかということを思います。

それで、三好春樹さんの若者と老人の例を引いてのお話――進歩だけでない、退歩ということも同じ現実なのだという指摘――が、大事な事柄となっていると思うのです。

近代教育を通して、進歩史観といいますか、進歩していくことが、人間の意味であるという考え方が、我われの常識のようになってしまっている。猿よりも人間のほうが偉くなったのだという。こう言うけれど、果たしてどれだけ偉くなったのだろうか。腹がへったらものを食べ、屎《くそ》をたれて、やっていることは猿と大して変わらない。ただ、道具を使うとか、知識があるとかということに、違いはあるけれども、それで、猿よりどれだけ進歩したと言えるのか。人間のほうは、ひどい殺し合いをする。個人的には何の恨みもない人を大勢殺す。そういう人間が偉いのだろうか、進歩したというのだろうか。

それは違う。一切衆生、みんな生きとし生けるものが、平等であるというほうが、本当であると考えるのが、正しいはずでしょう。

現代の我われが、正義を主張し、その正義に従わせようとする考え方に、引きつけられていることから、それだけが正しいのだろうかと、違う立場もあるのではないか、ということに気づいて、やはり、人間の命を支えているものは、生きとし生けるものの命ですから、そういうもののお陰で、我われの命も与えられてあるし、その与えられた命の上に、理性のはたらきも少し乗っているのです。理性のはたらきが偉いのではなくて、人間が理性の営みをするというのは、人間の業ですから、やらざるをえないのですけれど、そうしてしまうことの悲しみということ、それを痛んで、正しく教えを聞いていく中に、救われる道が開けてくると思うのです。

どうも、そういうものの考え方の根本問題について、仏教は、もっと自信をもって、この進歩史観というものを、どこかで、根源的に批判する原理を、もっと積極的に言わなければならないのではないかと、痛感しているのです。「南無阿弥陀仏」は、別に進歩を教えるのではありません。人間は、いつでも「南無阿弥陀仏」しかないのだと。どこまでも愚かで罪深いのが人間である。そういう人間が、自分自身の足場にしっかりと立つ、つまり、もっと相手の立場に立つべきである。相手の立場に立つということは、人間には難しいけれど、ともかく論理としてでも、一遍相手の立場に立って、そして自分に戻るということをお互いにするということしかないのではないか。なかなか難しいことですけれども、そういうことができてこないと、この殺し合いの歴史というものが、止まらない。

殺し合っていくしかないのならやむを得ないのかも知れないけれど、やむを得ないと言って放っておくわけにいかない。やはり、殺されたらつらいし、殺された家族、殺された国民は、つらいし、あれだけアメリカ人がイラク人を殺していったら、この恨みは決して消えない。

そういう恨みは、いつかきっと、アメリカに対する反撃の心をはぐくむでしょう。織田信長のように、根こそぎにしてしまおうとしても、イラク人を皆殺しには絶対にできません。そのようなことをしたら、アメリカも潰れてしまうでしょう。

だから、そういうことは、やってはいけないし、させてはならない。それに加担するということも、本当は、いけないことです。

そういうことで、仏教の考え方は、ある意味で消極的なように見えるけれど、積極的ということが一体どちらに向かっての積極的であるか。大きな間違いに向かって積極的ならば、そこから一歩退歩するほうが、大事な考え方であるということになるのです。

そのことを訴えるのが、非常に難しいのです。グローバリズムであり、また勝ち残るほうだけに意味があるのだという現代。負けた人間は意味がないという、そういうアメリカ的なものの考え方が、日本の生活を覆っている中で、大変に難しいことですけれども、生きとし生けるものがみんな平等であるということをどういうふうに表現し、どういうふうに説得していくかということが、大事な仕事なのではないかと感じているこの頃です。

法執を照らし出すとは

一

我われの生活というものは、会社だとか、何らかの組織に勤めて給料をいただいて生活することが圧倒的に多くなっております。サラリーマンが全労働者の九〇パーセントにもなるこの社会、これを名づけて資本主義という。そういう資本の仕組みに引き込まれて、その中で生活する以外に道はないという情況にあるわけです。

誰もが、多い少ないはあっても、給料をもらって、その見返りに、全生活をその組織の仕事に吸い取られて生きているというような実態があります。

仕事内容がある意味で専門化し、仕事の相当部分を、コンピューターや機械装置に任せて、人間のたずさわるところは、その中の一部分だけの単純作業になり、命の糧をいただくことと引き換えに、自分の全存在をそこにかけて、生きる意味が充分満たされるような仕事をしているかどうか、感覚できなくなってしまっている。

そういう時代にあって、このところ気にかかって仕方がない言葉があるのですが、それは、アメリカ発のアイデンティティ（identity）という言葉なのです。アイデンティティの回復などというように使われて、それが日本語に来て、自分探しだとか、自己成就だとか、「自分を探そう」、「自分を求めよう」、というように非常に訴える力をもって流行しているのです。

では、「自分自身とは何であるか」というと、近くは、自分の家庭のもっている価値観、宗教、宗教行事、あるいはもう少し広く、地域がもっている文化情況などを考えたり、あるいは、もう少し大きくは、国という単位で、近代国家という名前で、他国家や、他民族に対する優位感、何かそういうものをもって、自分が自分であることを補塡《ほてん》しようとする。

身近にいえば、アメリカに行った日系人が、自己のアイデンティティを探そうとすると、自分の親がもってきた日本の文化、日本の宗教、日本人としての誇りというようなところで、自分をかろうじて立てて、他の白人のアメリカ人に対して、劣等感をもたないですむような自己を求めようとする。

けれども、共同体がもつ価値観とか、共同体がもつ強い共同意識というものの中に入って、自分を確保しよう、自分の基礎が、そういうところにあるということで安心しようというような要求が、アイデンティティの本質にあるとするなら、それは、同時に非常に狭い、閉ざされた自分というか、自分の殻を硬くして自己を守ろうとするような方向になりかねない。

ナショナリズムがその悪い例です。つまり、ナショナリズムということは、国だけでなくて、宗教ナショナリズムとか、文化ナショナリズムとか、というふうにも使われるようになっていて、ナショナリズムという言葉は、国家主義だけではない。集合体をもって固まろうとすることの心理的動機が、そのアイデンティティの追求というような言葉と重なりあってくるわけです。

そうしてみると、資本主義の情況に完全に巻き込まれて、これでは立つ瀬がないとふと気が付いて、自分というものを求めだした途端に、今度は違う殻の中に閉じこもるような運動に入ってしまう。

だから、今、教育問題にしても、宗教問題にしても、今の教育が間違っているから、戦前のいわゆるナショナリズムの盛んだった時代に戻ろうとするような、そういう保守的なというか、時代錯誤の動きが一方にあって、どのように動いたらいいのかということが見えにくいという問題があるのです。

宗教が大事だといっても、宗教には宗教のもつ閉鎖性という難しい問題があるのです。例えば、アメリカでブッシュ氏が、宗教をバックにして大統領になった。その時にも、やはり原理主義的な宗教から票を集めたという。そういうところに、どこか恐いところがあって、自分のアイデンティティが欲しいというアメリカ人の庶民の心を、宗教という形で摑んだのだろうと思うのです。そのはてに宗教同士がぶつかり合い、民族と民族がぶつかり合い、国と国がぶつかり合うという情況が出てくるのです。

ただ単に、宗教に戻ればいいというような言い方では、どうにもすまない。下手をすれば、この本願寺も、親鸞という名のもとに、閉鎖性に閉じこもろうとする人間をつくるという方向に向かうことにもなりかねないと言えると思うのです。

人間は、そういう閉鎖性の中で安住する傾向もたしかにあるので、それでも良いではないかとも言えそうですが、もしそうなると、そうでない存在を排除し、その存在を許さなくなる。内に固まって外を排除するという意識が出て、そのことが、また別の争いや差別を起こしたりするということになりますから、その方向は決して良い方向ではないと言えるのです。

二

私どもが仰ぐ「南無阿弥陀仏」の教えの言葉の根には、法蔵菩薩の願いがかかっているというふうに言われるわけですけれど、その法蔵菩薩という名前で言われる呼びかけは、「十方衆生」を救わなければ、自分は自分を成就しない。十方衆生と共に自分が自分を成就する。成就するということは、仏陀に成るということですけれど、そういう呼びかけ、これが、実は、単に法蔵菩薩だけの願いなのではなくて、本当は、自利利他円満という、自分も覚りを開くと共に、一切衆生を覚りに導きたいという、一切の諸仏の願いでもあるのです。

そういう願いが、実は、人間の一番根源に願われている深い願いなのですが、個人は、それを忘れて生きていて、それで自分をふと取り戻そうと思うと、中途半端なところに止まってしまう。

自分だけがよければいいというような「我」ではいけないということに気が付いても、もう少し大きな集合体の殻の中で自己を守ろうとして、そこで止まってしまう。それをもっと開こうとすると、今度は抽象化されて、世界人類みな兄弟などというように、茫漠《ぼうばく》とした言葉だけがあって、何をどうするのかわからないという話になりかねないことになるのです。

願いとは、一番根源にあって、具体的には、その願いは、そこにある一人の苦悩の存在、愚かで、罪深く、反逆性しか生きられないような個々の一人ひとりの人間のもとに響いてくるのだから、人間同士ですぐに手を繋《つな》げとか、みんな平等だとかと言っても、そうはいかないのです。

お互いに、我の閉鎖性があり、その上に、共同体の閉鎖性があって、それを一挙に無くすことはできないという形で生きているわけです。

我の閉鎖性に止まっているだけならば、人間は、それ自身矛盾を孕《はら》んでいますから、いずれそれでは駄目だという問題にぶつかって、破られてくるということが起こりますけれども、中間の共同体の閉鎖性、これは田辺元《はじめ》さん（一八八五～一九六二）が、「種の論理」ということを言いましたけれど、同じグループという核をもつと、これを破るのは非常に難しい。

それぞれの集合体がもつにおいというようなものが強くあって、集合体独自の力が所属する人々に及んでくるのです。だから、そこに所属することによって、独自のカラーが出来てしまう。

学校でも、会社でも、そうです。それぞれがもつカラーが、いつの間にかその人に染み込んで、「あの会社の人間だ」とすぐにわかるほどに、その所属する集団のカラーに染まっていく。

すなわち、自分に愛着するということと、それを包みこんでいるグループに愛着するということ、これを人間は避けることができないのです。

けれど、その愛着にとどまるかぎり、それは人間の悪業としての差別観とか排除観とか、戦争だとかというものを引き起こすような原理になりかねない。

こういうように、現象に現れたことを解決すれば済むものではなく、解決することができないほど深い問題を根源に抱えながら、お互いに生きているのが人間なのです。

ではどのように、そこを乗り越えていく手段があるのかというと、現実にはどうしたらいいのか方法が見いだせないのです。単純にヒューマニズム（humanism）で世界平和をいくら唱えてみても、そんなことで平和になるわけではない。

人間同士は、民族間で違いをもっていて、お互い疑心暗鬼であり、またお互い奪い合いながら、憎しみ合いの歴史を生きてきている。そして種の内部にそれぞれが大切に伝えてきた伝説や物語を抱えて生きているわけです。

だからユダヤ民族と、アラブ民族との対立は、人間同士として許し合えといっても、とても理解できないほど根が深いわけです。本当は許し合えない、本当は通じ合えない、そういう現象が悲しいかな、人間として生きているという事実です。

しかし、その事実を包みこむ形で、一切衆生がたすからなければ、自分はたすからないと言っている心がある。そういう心は、人間の一番深みに呼びかけている、人類すべてに呼びかけている真理の叫びなのです。それを我われは、どこかで見えなくしている。目を覚まし、これに気づいて生きていくこと、そのことで現実が解決されるわけでは決してないのですが、そのことにこそ大切さがあるのです。

それぞれの種の違いの大きい社会でありながら、そういうものを消し去ろうとした営みの一番悪い例が、ソビエト連邦であったと思います。

社会主義という一つのイデオロギー体制で、民族を消し去り、文化を抹殺し、すべてを一様に染めあげようとした。で、そうできたかというと、だれもがみな虐《しいた》げられ、だれもが苦しみ、そしてその虚偽が破れたと思ったとたん、あっちでもこっちでも民族同士の争いとなり、さらには押さえつけられていた宗教が首をもたげて相争うという、そういう状態が出現した。

さきにローマ法王が、ロシア正教のトップとの会談を申し入れて、拒絶されたという話がありましたけれど、人間というのは、本当に深い罪を抱えて、お互いを許し合えないところをもっている。

三

その許し合えないものは、これは仏教では、「我執」の底にある「法執《ほうしゅう》」だと教えられているのです。我執も深いけれど、その我執の根に法執がある。

法執というのは、法の執《とら》われということです。自分が自我として執われをもち、他が我として、何か実体としてあるということに執われる我執に対して、法というのは、そういうことを成り立たせる作用のことなのですが、その我執という現象と、その我執にさせている執われ、つまり、自我の執着に立って一切の経験を見ていることの背景に、あらゆることを何か固定的な実体があるように見てしまう傾向性があるということです。そういう二重の構造を大乗仏教は教えているわけです。

表の現象だけ取り除くと解決するかというと、そうではない。ナショナリズムが悪いならやめてしまえ、国の壁を全部取り払ってしまえというのは、外にある現象だけを解決するという話です。

ところが、そのようにさせるものは何かということを見すえて、そこを自覚化していかないと、例えば、平等が良いといって、同じ給料を与えてみんな満足するかといったら、誰も満足しないでしょう。同じ仕事をするわけでもなければ、同じ能力があるわけでもない、同じ体力があるというのでもないのに、みんなに同じ給料を払うという、そういう平等性では誰も満足しないわけです。

そのような、うわべだけ解決するという発想では、もう駄目なのであって、その根っこにある、そうさせるものは何か、という問題を自覚化せよというのが、大乗仏教が呼びかけた「法執」の問題だろうと思うのです。

だから我執の問題は現象するけれども、法執は見えない。見えないけれど、実は、それが根の深い問題である。その問題は、解決できるかというと、容易には解決できない。例えば、信仰が神というものを立てる、神さまは世界に君臨していると信じよと、そのように神を立てた途端に、その神がものを言いはじめるのです。

戦前のことであれば、天皇を立てた。立てた天皇の名前で、それを御旗《みはた》に、ものごとを推し進める。何でも言うことをきかせる、というふうに、人間が立てたものが、人間を牛耳るということが起こって来ます。

人間の意識の構造が、内に自我を立て、外に何かを立てる。外に神を立てるという形で、自分の弱さやら自分の愚かさやらを補強する。神さまは居るのだという論理が、非常に強く人間を説得してくるのです。

仏教からすれば、人間が何かを立ててたすけを求めるという発想自体に、人間の深い闇があるという考え方ですから、そこを自覚化しながら歩むということの大切さを教えるわけなのです。

法蔵菩薩の願心は、十方衆生がたすからなければ自分は成就しないという誓いである。けれども、もしこの誓いを生きようとしたら、絶対に完成ということはないわけです。

新しく、次々と苦悩の衆生が生まれてくる、オギャーと生まれてきた人を、「おめでとう」と言うけれど、苦悩を生き始めるわけですから、可哀そうにという面も当然あるわけです。どのように良い情況で生まれてきても、必ず苦悩にぶつかっていずれは死んでいくのであって、それを避けることはできない。

この世に生まれて、そのように命を感じ、苦悩を生き抜いて、死んでいく、そういうふうに見る眼が、仏教者が生まれるところに出来る眼です。

一方、そのように死んでいく眼も、ただ可哀そうに、というだけではない、ある意味で命を成就して、尊い命を終わっていった。これが本当の尊い人生だったのだという終わりですから、おめでとうという面もあるわけです。

死んでいったから駄目なのではない、生まれてきたから良いのではない。生まれたら必ず死ぬのですから、片方だけが良いというのは、バランスが取れないわけです。

そういうものの見方、こっちは良いのだ、こっちは悪いのだと、そういうものの見方の執着、人間の感情に合わせて良い悪いを決める、という発想の中にも実体化があるわけです。

そういうふうに仏教は、あらゆる考え方の根にある執着をあぶり出して、それに気づきなさい、と言うわけです。それで、気づいたら解決するかというと、解決はしない。解決はしないけれど、相対化ができて生きているのと、絶対的にそれだけを良いこととして生きているのとは、人間の生きる地平が違ってくるのではないか。

だから、仏教、特にこの「南無阿弥陀仏」、愚かな自分を照らし出され、罪の自分を照らし出されるということは、照らし出されたらいいのかというと、照らし出されてよいわけではない。照らし出されることはつらいことであり、生きることがとてもつらいということもありますけれど、知らないで生きていた場合に、まともに見せられたら、もう、絶望してしまうわけだけれど、照らされて知ったうえで、それを引き受けて生きるということが、法蔵菩薩の願いと重なるのだろうと思うのです。

そういうことで、親鸞が開いてくださった道、未熟なままに、罪悪のままに許されて、しかも、尊い命として拝み直して生きていけるという道が開かれた。

決して罪悪だから駄目なのではない。罪悪の身こそ、そのことを自覚して、与えられてある身がその自覚できる命であることを感謝して生きていける。そういう人間が、ただ人間を肯定していく道でもない、ただ否定していく道でもない、両方を総合して罪悪の身を自覚して、しかもそれを尊んで生きていけるという道を開いてくださった。

これは、非常に難しいし、しかし、教えられてみると、とても大事な有り難い道である。つまり完成はないけれど、未完成を喜んで生き抜いていく道を開いてくださったのだということを、いただいているわけなのです。

こういう難しい時代になって、親鸞がおっしゃってくださったことの意味がなかなかわからない。自己回復の道さえほとんど見えない。このような人生を生きていて、何の意味もないのではないかと思われてしまう若い方がたくさんいるわけですが、そうではない。無意味なように見える命が、与えられてあることに無限の意味があるのです。

そこを探求していくだけでも意味があるし、これが本当の意味であったと言えるような出遇いとともに十分な意味が感じられてくるのです。それが「南無阿弥陀仏」という言葉に託されている大事な教えなのではないかと思います。

だから、朝から晩まで畑を耕して、疲れ果てて一日を終わるような農民の人たちが、ナンマンダブツ、ナンマンダブツと、ひと鍬《くわ》、ひと鍬称えながら、たまわった命を喜んで生きていけたのです。

そのように、生活と密着して、自己を回復していけるという原理がいつも言葉となって呼びかけている、それが「南無阿弥陀仏」です。そういう「南無阿弥陀仏」が忘れられたならば、いくらアイデンティティを求めると言ってみても、本当の自分の立場というものは見えてこない。

おそらく、そういう「南無阿弥陀仏」の内なる本願、法蔵菩薩の本願というものに出遇うことにおいて、必ずしも法蔵菩薩の本願という言葉でなくてもよいのですけれども、全人類が同時に救われていって欲しいという願心が、あらゆる執われの殻を破っていくというはたらきをもち続け、そういう心根と思想とが伝わっていけば、人間同士の愚かな争いも、無くなるとは言えませんけれども、少しはお互いに照らし出されて、ゆるんでいくときが来るのではないかと、そう念じながら生きているわけでございます。

三　現代に応え得る宗教的根拠

世俗化の中で親鸞の精神に立つ困難性

一

ベトナムの若い尼僧のグエンティユウという方が、日本に留学に来ておられます。その方が、たまたまJR常磐線の亀有にある真宗大谷派の蓮光寺の聞法会に興味を示して、出てくださるようになった。

その方は、ベトナムで日本語を勉強して、それから留学して来られたのだそうですが、かなり日本語が達者で、漢字も書くし、仮名も書くし、聞く耳も確かなのです。

まあ、話ぶりはいくらか訛《なま》りがあって、慣れないと聞きにくい点もありますが、日常会話はもちろんのこと、仏教のかなり難しい話でも、きちんと理解しているという、たいした力をもった女性なのです。たまたま、真宗会館の教学館（真宗大谷派東京教区の若手の学習会）で、修学旅行でベトナムに行くという話が決まったとき、彼女が、三年ぶりで故郷に帰る予定と重なって、付き添いをしてくださるということになりました。

ベトナムは出家仏教ですから、彼女は、出家仏教の尼寺の尼僧としてベトナムの大学を出て、そして日本に来て大正大学で仏教学を勉強しておられるのです。ベトナムから日本に留学するということは、日本人がアメリカに留学する以上の経済的な壁と、言葉の壁とを乗り越えなければなりません。それを考えただけでも、相当の気力と実力とがあるということがわかります。

さて、ベトナムに行って、ホーチミンの仏教大学に案内していただきました。ちょうど講義中の教室に案内されて、そこに参加したのですが、そこの教室では、午前中は男の僧侶、午後は尼僧のための講義に充てられて、男女は席を同じくしない、一対一で話し合うということも、戒で禁止されているというのです。

出家仏教の厳しさというものが、そういう形でカリキュラムの上にも実現しているわけですが、私どもが行きましたのは午後一時で、尼僧の教室でした。みんな頭を剃り、そしてねずみ色の僧服を着ておりますから、女性ということを感じさせない、非常に清楚で、真面目で、そしてみんなキラキラと目を輝かせて食い入るような眼差しで見つめます。日本の大学の教室に入っていっても、この頃ああいう輝いた眼に出会うことがほとんどなくなりました。

そこで、短い話をさせていただいたりしたのですが、聞いてみますと、その大学は、そこにあった小さなお寺の僧侶、日本でいえば住職というか、その僧侶が、入門してきたミンチョウという僧侶を見込んでフランスに留学させた。その方が、フランス留学から帰って、発願《ほつがん》して、大学を建てた。それまで、ベトナムには、仏教の大学がなかったそうです。

つまり、一人の発願で大学を建てて、それを仏教の信徒が支えて、立派な大学になったという。そういうことが、成り立つということは、ちょうど日本の明治維新の頃の気分というか、前向きの強い願いに対して、市民や教団がこぞって協力するという形で、非常に立派な大学が出来たわけです。

建物は、いわゆる寺院特有の形をした屋根で、四階建ての立派な贅沢な建物ですけれども、そこで仏教の学問が教えられている。どういうことが中心かというと、近代仏教、サンスクリット語、パーリー語、そして漢文の中国語の文献、こういうものを厳密に読んでいくということが基本的に教えられているというのです。

出家仏教ですから、修行についてはそれぞれのお寺で厳しい修行をして、勉強は大学に来て学ぶという、そういうシステムのようでした。

グエンティユウさんは、そこのエリートで、女性のクラスは、百人くらいのクラスが、二クラスあるのですが、女性として、そこを一番で出て、尼僧としては、日本に留学した二人目だということですから、日本でいえば、明治維新でフランスやドイツに留学した優等生のようなものなのでしょう。

彼女はそういう形で日本に来ているのですけれども、エリート意識というものはまったく見られない。まあ、本当に明るくて、前向きで、そして一年間しか日本の国費の奨学金が出ず、二年目からは、駅の売店の売り子のアルバイトをして、その時だけは、法衣は許されないからというので、ジーパンをはいて、頭に布を巻いて、坊主頭を見せないようにしてやっているのだそうです。そうやって自分で稼いで、勉強しているという、本当にけなげな、今の日本には、ああいう子はちょっと居ないというほど、前向きな人なのです。

日本にいるうち、何の因縁か、浄土真宗に触れて、すっかり親鸞という人の思想に惚れ込んで、やはり、親鸞の思想のほうが本当だと、こう思われたのですね。

そこで、ベトナムでの話にもどりますと、食事は、我われと一緒に食べるのですが、彼女だけは別の注文をするのです。法衣を着た尼僧姿の彼女には、それに相応した料理がちゃんと出されてくる。我われの食べているものを、食べなさいといっても、決して食べないのです。

なぜかというと、もしベトナムで戒を犯したら、僧侶としては生きられませんと、そんな場面に出くわしまして、戒を守って真面目に修行をする、その厳しさというか、凛々《りり》しさがもつ魅力、僧侶としての真摯な姿勢にとても説得力がある。ですから、ベトナムは共産国ですが、僧侶に対しては非常な尊敬を払い、お寺に対しても、とても前向きなのです。

そのベトナムの、あるお寺から招待を受けて食事に出向きましたら、信徒の人たちが、自分たちで手作りの料理を出してくださって、非常にそれが前向きな姿なのです。

日本でも、そういうことは少し前まではありましたけれども、最近では、頼んでもなかなかやってくださらない。すべてが金になってしまって、料理屋から取りましょうという話になってしまうのですが、ベトナムでは、手作りの料理で接待をするという雰囲気が残っていて、私としてはとても嬉しかったのです。

そういうわけで、寺と庶民の関わりはきわめて濃密で、町の中に寺があり、それを庶民が支えているというなかで、出家者にとって戒律を守るということは常識であり、それだからこそ庶民は心からそれを支えるという関係になっていて、戒律を守ることができない人間は、当然ながら還俗せざるをえない。

彼女は、もっと勉強がしたいし、まだ還俗はしたくない。とはいっても、戒律の中で随分と窮屈さを感じていたようです。自分としては使命感をもって前向きにやっては来たけれど、どこかとても窮屈だという思いがあった、それが親鸞の教えに触れて解放されたというのです。

でも、そういうふうに戒律で自分を締め付けているよりも、罪悪深重の衆生として救われるというのが本当だということは良くわかるけれど、ベトナムへ帰ったらそれではやれないと言います。

二

こういう話を聞いて、親鸞という人が流罪に遭ったことの意味について、いささか感ずるところがありました。

それは、あの当時、後鳥羽上皇を始めとするいわゆる世俗の権力と、比叡山や奈良を始めとする仏教教団とが、法然上人の集まりというものを目の敵《かたき》のように憎んだ。それはなぜか、ということです。

その原因として、勝手放題に破戒無慚をしたというように伝えられているけれど、それではどうも納得がいかない。

集まりの中には、倫理的に落第した破戒僧がおり、そういう僧侶がいたということが原因で弾圧されたというのだけれど、もしそうであるなら、その個人の罪を問うというのならわかるけれど、教団を弾圧するというのはどうしてか、そこによくわからないところがある。

なるほど法然上人の専修《せんじゅ》念仏には、他の行は要らない、つまり、聖道門ではたすからないという主張があるから、その思想的な敵対心や憎しみがあったのかと思っておりました。

そこで思い当たったことは、結局、親鸞が、『教行信証』で、濁世であるこの世を生きる人間存在は虚偽《こぎ》であり、虚仮《こけ》であり、そして悪であると。人間存在は、徹底的に虚偽であるということを繰り返して言われる。それの逆対応として、如来の本願が真実であると。人間存在は徹底的に虚偽であるということを言ってくる。人間存在が、如来の本願によってたすかるということを明らかにしようとされるのです。

しかし、人間の常識からすれば、人間自身が努力したり、決められた戒律を真摯に守ったりすることが、人間として立派になり、それが仏に成っていくという、そのように人間が階段をのぼるように、だんだん偉くなっていく構造と仏教の思想とが繫がっているというのが普通の考え方です。

ところが、その考え方では人間はたすからないのだということを、徹底的に明らかにしたのが親鸞の考えであるわけです。

そこに、人間と如来とは違うという、大きな断絶がある。人間は徹底的に虚仮であり、虚偽であり、罪悪である。如来は、真実であり、清浄であり、大悲である。人間には小慈小悲もない、如来のみが大悲だと言う。そういう対応概念で、如来による救いということを明らかにした。

これが思想として、なぜ弾圧されるかというと、結局、人間の一部分を善とし、一部分を清浄とし、一部分を価値あるものとして、それを育てるということとが、この世の価値観である。

親鸞という人の思想は、その人間の常識的な発想と、倫理を成り立たせているような発想を、ある意味で、人間以外の根拠によってひっくり返したという質をもっているのです。

だから、「信巻」の別序の文にある、「人倫《じんりん》の哢言《ろうげん》を恥じず」という親鸞の宣言は、本願の信に立つならば、人倫の哢言というものとぶつからざるを得ない一面をもっている、ということが言われているのだと思うのです。

つまり、本願の信心をもちながら、人倫の常識と一緒に生きていけるということは、あり得ない。それほど激しい信念であるということを改めて教えられた。つまり、親鸞に立ったら、世俗の一般の価値観に背くような原点をもたざるを得ないということになるわけです。このような信念が、この世で生き延びられるであろうかというのが問題です。

三

だから、ベトナム人の彼女は、真面目な女性で、真面目な一人の求道者ですから、自分の中でおそらく揺れている面があるだろうと思います。

信念として、親鸞は良い。しかし、どうなのだろう、自分の中で、自分はベトナム人である。ベトナムに帰って、尼僧の指導、おそらく、女性として仏教界の指導者にも成っていくような能力と人格をもっている人だろうと思いますが、そういう人が、日本に来てしまって、日本の仏教が良いからといって、例えば結婚して、こっちで生活をしてしまうというようなことになったら、ベトナムの価値観とベトナムの人民を捨てることになる。

そうかといって、親鸞をもって、親鸞の精神で、向こうへ帰って、これも仏教だといって生きられるか。これは困難至極である。おそらく親鸞が潜らなければならなかった以上に、石を投げられ、つばを吐かれ、排斥されるということに直面するでしょう。それに耐えられるだろうか、とても難しい。

そういう意味で、親鸞という人が、伝説的に、京都でつばを吐かれ、石を投げられたということは伝えられていますけれど、一生、いわゆる権力からは認められることなく、そしてこの教団も、つい明治までは、権力から認められることなく（宗名が許されなかった）、しかも庶民の中に、これだけ根が張れたということは、本当に不思議というしかない。

人間の常識というものを根源からくつがえして、しかも人間を本当に解放するという教えは、いわゆる人間の常識に添って媚びるような考え方とは、異質ですから、人間の常識の価値観に受け入れられるのはなかなか難しい。「難中の難」といわれるのは、そういうことなのです。

一時、禅宗が、仏教界の閉塞性を打破して、もっと世間に訴えなければならないといって、財界の要求を受けて、エリートを短期養成といいますか、座禅をさせたり、修行させたりして、精神をたたき直すという、そういうことに協力したことがあった。

その時は、禅宗は大変元気でした。それが、バブルがはじけ、財界の事情が変わってから、すっかり元気が無くなってしまった。あまりにも世間の流行に寄り添って、それを利用して世間と一体になろうとする視点にこそ問題が潜んでいたのでしょう。

仏教の視点、仏陀の視点というものは、世俗の眼の間違いを翻そうということですから、間違いを翻さなければ、人間は、本当はたすからないという、そういうメッセージですから、これは大変、困難である。

世俗に乗ってしまえば仏教の本質を失う。だからといって、世俗を無視し、馬鹿にして離れたら、これは、仏教の、人を救いたいという願いが伝わらないことになる。そういう点で、仏陀の本来の願いというものを、本願念仏という視点に立って、もう一度世俗との関係において、「非《ひ》僧《そう》非《ひ》俗《ぞく》」という言葉において打ち立てようとしたのが、親鸞という人である。思想とか信念というよりも、如来が世間を大悲して、本当に衆生を解放しようとするはたらきを、そういう使命を自ら荷《にな》って生きられたのです。

それを我われは、日本仏教の風土の中で、そのことがもつ非常な厳しさというものを、どこかで忘れてしまっていたのではないか、親鸞の思想に立って生きるということは、本当に困難だということを、我われは、日常平然と世俗と妥協して生きていて、その困難さを忘れている。そういった親鸞という人が八百年前に苦労されたことの内実を、このベトナム人の尼僧の方から、しみじみ思い至らせていただいたのです。

人間の深みから発《おこ》る宗教的要求

一

この間、私の大学時代の同級生が十五人ほど集う会があって出席したところ、私の年配の人たちはすでにだれもが定年退職者で、現役といっても子会社の社長か何かで、みんな人生が終わったような顔つきでした。

これまでそういうことはなかったのですが、今回は私に、宗教について短く、わかり易く話して欲しいという申し入れがありました。けれど、宗教について短く話すということほど難しいことはありません。

同級生同士ということではあるが、これまでまず、まともに人生問題について話し合ったことがない。若い頃には、自己とは何かとか、自分が何を求めているかということを議論したことはあったかもしれないが、宗教というような香りのある話をしたことはないのです。

そういう面々に、一杯飲みながら、ちょっと宗教について話をする、こんな難しいことはないと思ったのですが、断るわけにもいかないので、話をさせてもらいました。

それで、まずは一般的に、大体宗教というのはどういうことか、というところから話を始めることにしました。

普通の生活の中での宗教的な面としては、第一番目に、苦しいときの神頼みという面があると言えます。つまり、自分の力ではもうどうにもならない、行き詰まって、どうかお願いしますというほかないという問題に人間は必ずぶつかる。日本の庶民がお詣りをするというときの心根というものは、大体こんなふうな、苦しいときの神頼みというのが、その宗教性の一面でしょう。

ですから、入学祈願だとか、病気平癒だとか、あるいは家内安全だとか、事業の成功だとか、そういうことをお願いするのが、宗教だと考えていると言えるでしょうし、また、そういうことが流行ってもいるわけです。

既成仏教でも、そういうことにかかわる場合もありますけれども、大概は、それよりもちょっとばかり生死にかかわること、特に、家族の死ということにかかわって、通夜、葬儀、あるいは法事などを通して、現代日本の既成仏教は生き延びている、というのが一般的な姿と言えます。

仏教のこうしたあり方に対する不信感は、現代では、苦しいときの神頼みの神さまよりも強いものがある。つまり、葬式仏教で食べている僧侶に対する批判が、特に、こういう都市の生活者の中には、渦巻いているというような感じがいたします。

そして、第二番目には、困ったときの神頼みということで頼んではみたものの、問題には応えてもらえなかったというときに、そこで問いとして出てくるのが、自分の人生は、どうして、このような人生なのか、なぜ、このような命を生きなければならないのか、どうして、こういうひどい目に遭うのだろうかという、そういう自分の情況と、自己自身に対する問いというものが、宗教というものに目を向けさせる大きな機縁にもなり、またそれこそ宗教的な問いそのものでもあるといっても良いと思います。

言葉にすれば、「自己とは何ぞや」ということです。何か、自分というのは一体何なのだ、どうして、このようなつらい人生を生きなければならないのだと、こういうような問いというものが、渦巻いてくる。

実は、その問いは、いつも心の深みにはあるのですけれども、それが目覚めて出てきても、とうてい始末のつかない問題です。この世に生まれたのは、自分の責任ではない、自分がなぜ生まれてきたのか、ということもわからない。死んでいくということも、なぜ死んでいくのか、死とは何であるかということも、自分ではわからない。

つまり、自分の始めと終わりがわからない状態で投げ出されてあるのです。

しかも、始めと終わりだけではない、その中間も実はわからない。だから、そのことを尋ねたいと思って、悪戦苦闘を重ねても、その答えはない。

たとえその答えが、一応、出たとしても、それで収まりがつくわけではない。そんな問題があって、つまり、「自己とは何ぞや」という問題が、自己では収まらなくて、自己よりももっと深いもの、あるいは自分では到底尋ねることができないようなものを、依《よ》り処《どころ》にしようとするのが宗教問題というものなのです。

人間が意識をもって以来、あるいは人間が言葉をもち、人間として生きるようになって以来、何か、宗教的なるもの、超越的なもの、無限なるもの、つまり、自分を超えた力、自分を守ったり、あるいは自分に恐ろしい運命を与えて来たり、あるいは、自分自身の命をも、生死をもつかさどっているような、そういう大いなるものを恐れ、あるいはそれを敬ったということが、そもそも宗教というものだと。この世にある宗教は、おおむねそういう形をもっているし、そのあたりまでが普通の宗教であるといって良いと思います。

更に、第三番目のものは、一神教の形をとって、いちばん目に見える形で、この世の中では行われています。特に、この頃では、イスラムとか、そういう激しい一神教の信念が、近代文明とぶつかってきています。

キリスト教文化が生み出した文明社会というものが、キリスト教のもっている超越性と、その文明社会の倫理というものとして、イスラム教の生活習慣に根づいた文化というものを踏みつぶすような形で入ってくる。近代文明がキリスト教の倫理や価値観と重なって入ってくる。

そういうことに対する危機感が、イスラム圏をアメリカ嫌いにさせ、文明嫌いにさせるのではないか。けれども、文明の形をとって押し寄せてくる資本主義というものは、これはどういう社会であっても拒否できない。貨幣経済と共に入ってくる交換経済、そして大量消費の経済というものの魅力と圧力というものには、どういう文化であっても抵抗できないでしょう。

そういう中で、イスラムの人たちは、何に向かって抵抗したらいいかわからないから、差しあたってアメリカにぶつかっていくという形を取っているのではないか。そういうようなことで、イスラムのアメリカに対する闘いというのは、この二十一世紀を貫いて、おそらく止むことがない闘いになる可能性があると、私は見ております。

それはつまりアメリカ文明、あるいは近代文明の顔をしたキリスト教文化に対する、他の文化圏の死にものぐるいの闘いとなって現れているのだと言えましょう。

もし、それをゆずったら、完全にアメリカナイズ（Americanize）し、キリスト教化するしかないという。そういう危機感の闘いというものが、この一世紀、おそらく戦争に継ぐ戦争を生んでくるのではないかと、そのような危惧をもっているのです。

二

ところが、ここにもう一つ、そういう人間が自分の超越性の根拠を求めて、しかも、一神教などとはまったく違う立場を開いたというのが、仏陀の覚りではないかと思うのです。

神という超越性と人間という有限性が直接ぶつかるというところには、有限性は超越性の前に畏《おそ》れおののき、あるいは超越性の奴隷となって、つまり人間が神の奴隷となって生きるという極端な二元論においては、人間のすべての能力が、神によって与えられ、また奪い取られうるという、そういう構造、そこには神を絶対正義の根拠とするところがあると思えます。

それに対して、仏教の覚りは、「自己とは何ぞや」という問いを超越性との関係で取り戻すというよりも、自己自身の成り立ち、命の成り立ち、あるいは人間としての命の成り立ちというものを、深く見すえていく。

単なる自我、個我、単なる個体というものの救いだとか、解放だとか、絶対者との関係を極めるというだけでなく、己《おのれ》自身の形成形態、己自身の成り立ちをよくよく見抜いていくなかで、普遍的な眼が与えられ、他との根源的な平等性というものへの、眼が開かれていく。

つまり、「光明の広海」とか、あるいは「浄土」というような言葉で表現されるような大きく豊かなはたらきの中に、自分を取り戻していく智慧というものが、人間を本当に、平等に解放するのだと言われるのです。

ですから、絶対者を立ててその前に畏れおののくのでもないし、単に、個我に立って、自分の命の意味を立てるのでもない。また、自分の命の不安にただふるえているのではなくて、自分自身が、どういう成り立ちであるかということを深く見ることにおいて、解放されるという、そういう智慧の宗教としての仏教というものが、ここに、人間に与えられて来たということがあるのです。

このことは、話すにしてもなかなか難しい。どこへ行っても、仏教について話せといわれるけれど、そう簡単に話してわかってもらえるものではない、と言うと、わかるように話さなければ、仏教は滅びるではないかと、怒られてしまうわけです。

それで、「わかるように話せ」というときのわかるとは、一体何なのか。理性でわかるような対象になったら人間は救われるのかというと、必ずしもそうではないのです。

例えば、科学的分析とか、遺伝子とか、そういう科学的一般性の中に、物質の成り立ちとして説明して、それがわかったら、人間がそれで救われるかというと、そういうものではない。他の人のことではない、自分がなぜこのような自分なのかということに、私たちは苦しむのです。

隣にいる人間について、お前はなぜそういう人間なのかといって、一生悲しみぬくというようなことは、普通おこらないでしょう。やはり、自分を苦しむのです。自分に苦しむのだけれど、そこに単なる自分自身ではないという知見も開かれてくる。これが、仏教の因縁の教えなのです。

これが、仏教の因縁無我の教えであって、その因縁の教えを、本当に愚かな自分として、本当に許されることのないような深い罪を感ずる自分というものが、無限なるものの中にあって成り立たされている。自分を超えて自分を包んでいるようなはたらきの中にあるのだと知る智慧を開くことで解放される。

つまり、「超越内在」という言葉がありますけれど、超越性が有限な人間になるというよりも、超越が、そのまま内在であるような意味があるのです。

それが、「念仏衆生《ねんぶつしゆじよう》　摂取不捨《せつしゆふしや》」（『観無量寿経』）と言われていること、つまり、阿弥陀のはたらきの中に自分がコトンと落ちて在るということでしょう。そういう無限の中に、大悲として、つまり許すとか、許されないとかということを超えて、ここに事実として、与えられてある。そういう理屈抜きの慈悲が「念仏衆生　摂取不捨」として、阿弥陀が、阿弥陀として名のられ、そして阿弥陀が我われを包んではたらいている。そういう感覚で、我われ一人ひとりが「ひとえに親鸞一人《いちにん》がためなりけり」（『歎異抄』）と、一人ひとりが、そこに無限なるもののはたらきを自分にいただいて、有限の命を生きるという、そういう智慧の眼が与えられるのです。

これを説明するとなると、百万言ついやしてもなかなか言い足りないというか、よくわからないというか、難しい。それは、理性の対象になるような構造ではなくて、自分自身の成り立ちへの自覚ということ。これを仏教では「感」という字を使うのですが、これは理性が対象としてわかるという話ではないのだけれど、充分に理性を通しながら、理性を破って何か身が応えるという。その身が感ずる「業感」ということが、響かないとわからないのです。

そのことを、単なる言葉で幾ら説明しても、「ああ、そういうものか」というところに止まってしまうだけなのです。

そこに私は、物語というものが、生まれてくる必然性があるというふうに思うのです。つまり、物語というものは、ある意味で、誰の話かわからないけれど、その物語自身の中に、何か大きなうねりがあって、その中に自分が重なると、自分の感情、感覚、感動というもの全部が、物語の中に包まれて、物語として感得されるということがあるのです。

つまり、物語というのは、ある意味で歴史的なものを包んでおりますから、英語で、ストーリー（story）とヒストリー（history）というのは、同じ語源からくるというのですけれど、その物語ということと、歴史性ということは重なっている。

そういうことで、大乗仏教が物語を通して、一切衆生の平等の成り立ちというものを呼びかけ、一切衆生に平等の救いというものを、物語的に呼びかけるということのもった意味があるのです。

だから、何か実体的な神を立てたり、要素を立てたりというのではなくて、人間の感情とか、感動をもって生きている身体を包んで、身体の物語という形で、頷かせる。そういうはたらきがあるのではないかと思います。

そうしないと、個というものを感じている我われは、一般論として分子だとか、遺伝子だとかという元素に解体していったのでは、「なぜ自分なのか」ということの答えは出てこないのです。

誰でもそういう構造であるというような、単なる一般論では、物質的解明は成り立つけれど、ここに、一個の自分が、今、この時を、この因縁関係と共に、この出遇いを生きているということは、絶対に出てこないのです。

一回限りのこの時、ここに、こうして考えたり、苦しんだりしているという事実は、一般論からは、絶対に出てこない。そういうことを包んではたらきかけるためには、物語というものが、人間にとって大きな意味をもつ。物語の内容は実体ではなくて、そういう人間全体を包んで、人間の心身全体を大きなうねりの中に解放していくというはたらきをもつのではないかと、そのようなことを思ったのです。

ですから、仏教とは何か、仏教とはこうこうこういうものだと説明して、あそうかといって、それで、その人は仏教に触れて、仏教でたすかるかというと、決してそのようなことはありません。

仏教について説明する解説書は幾らでもあるけれど、そういうものを読んでも、何もわからないわけです。解説書を読んで、ああ、そういうものかと一応わかっても、自分の問いには一向に応《こた》えてこない。それは、問い自身が、自分が生きているという事実の深さとすれ違っているからなのです。

そういうような、宗教一般では応えきれていない課題に、仏教は応えようとしているわけです。ですから、仏教には、現代の科学文明、あるいは、現代のこの文明社会からみて、なかなかよくわからない問題を、どういうふうに超えていくか、そういうことを明らかにして発信していくことが求められているのだと思うのです。

輪廻だとか、死んだ後の命だとかというようなことを、まともに考えようとするような人がいる一方には、死後は灰となって捨てればいいのだという人もいる。命そのものの価値を無視するような虚無的な見方があると同時に、一方では、自分というものは無くならないのだと、死んでも生きているのだというような、怨念がもう一度復活しようというほどの勢いをもって、いま語られ直されている。

それは一体何なのか、ということです。それは、何か、人間の存在そのものに応えてくれるような物語が欲しい。単なる物質に解体したり、虚無に消えてしまうような、そういうものとして命というものを感じたくないといいますか、科学的な説明とかではなくて、もっと命そのものを直《じか》に受け取れるような物語が欲しい。そういう要求が人間の深い宗教的要求としてあるのではないかと思いながら、今一度、自分自身の念仏の生活に、何か物語性の豊かさを回復しなければいけないのではないか、そんな課題をこの頃切に感じているようなわけです。

宗教が現代と対話するための課題

一

四月八日は、お釈迦さまの降誕会《ごうたんえ》ということで、近隣にある禅寺でも、毎年お寺の山門のところに誕生仏を出して、甘茶をかけることができるようにして、飲みたい人は自由に飲めるようにしてくださっております。

父が住職の頃にしばらくそういうことをやってみたのですけれど、やはり、真宗では、お釈迦さまは、阿弥陀如来をお勧めくださる仏陀の一人ということで、教主世尊には違いないのですけれど、お釈迦さまを殊更にお祀りして拝むということが、ほとんどなくなってしまっているので、取ってつけたようなものになってしまいました。

それにつけて思い起こされるのは、ローマ法王、ヨハネ・パウロ二世（一九二〇年、ポーランド生まれ）が、先日、四月二日に亡くなられ、今日（二〇〇五年五月八日）がその葬儀ということで、カトリックのみならずクリスチャン全体、世界全体のキリスト教徒が、なにか喪に服するような大きな動きが感じられるような日になっていることです。

このローマ法王、ヨハネ・パウロ二世は、大変難しい局面を引き受けられて、宗教の立場から、本当に思い切った行動に出られました。何よりも、ユダヤ教に対して、今までの歴史を謝罪されたということ、そして十字軍以来敵視してきたイスラム教徒に対しても謝られた。これはキリスト教徒の代表として、そういうことをしたということは単なる個人の問題ではない。もちろん時代の問題が、後押しをしているとはいいながらも、大変大きな、本当に勇気ある決断をなさったことだと思います。

そして、他宗教との対話という方向を打ち出されて、キリスト教は絶対正しい、他の教義はみんな邪教であるという、そういう非常に独断的な教条が、キリスト教界を引っ張ってきたわけですけれど、その他の宗教も、相手として、屹立《きつりつ》する他として認めて対話をするということを打ち出していかれた。

教会の末端は、それに呼応して、本当の意味で対話に動くというのは、なかなか難しい情況ですけれども、それでも、カトリックという言葉自身が、もともとは普遍という意味をもっていて（katholikos　ギリシャ語で「普遍的」の意）、この教義こそが普遍性であるという、この信仰こそが、本当の意味で全世界を牛耳《ぎゅうじ》るべき信仰だということがカトリックという言葉なのだそうですから、カトリックという言葉をそのまま受け入れることは、我われは、降伏するということになってしまうほどの言葉なのだそうです。

そういう立場であったカトリックが、他の信仰と対話するという。それは、人間の野心からすれば、相手を研究してねじ伏せるということがないわけではないかも知れませんけれど、しかし、ともかく、ローマ法王自身がそういう方向にキリスト教界を指導しようとしたということは、非常に大きな方向性であったと思うのです。

今日《こんにち》の時代情況では、交通のうえからも、通信のうえからも、閉鎖的な空間というものが、この世の中になくなったと言っていいほどの大きな開けができて、他の民族、あるいは他の文化と交流しあうということが、日常茶飯事になった。そういう中で、信仰だけが閉鎖的であるということは許されない。

ですから、独善的であり閉鎖的でもあった教義学というものが、他を受け入れて、本当の意味で対話ができる体質をもたなければならないということを、方向性として見極めて、そういう意味で、世界の指導者になっていこうとしたということが、大変、大きな方向をもっていると思うのです。

しかし、ある意味で象徴的であったのは、妊娠中絶などという、新しく誕生してくる命についての制限をすることはいけないと、そういう倫理的に古い時代から伝えられてきたものを崩すことに対しては、強い抵抗を示したということはあった。

これには、アメリカの現今の生理学とか、科学とか、医学とかの先鋭的な方向に対して、ある意味で歯止めを掛けようというような意味ももったわけです。

これが、科学と宗教とが、どこかでぶつかり合うという点でもあるし、科学が、時代をリードしてきたということからすれば、その時代に対して、ある意味で逆行する方向をもって宗教が抵抗しようとしたというふうに考えることもできるでしょう。

二

たまたま、金子務《つとむ》さんという、鎌倉にある鈴木大拙先生の松ヶ岡文庫の理事をしていらっしゃる方（その後退任された）が、『アインシュタイン・ショック』（岩波現代文庫）という本を書いておられて、それを読んでおりましたら、若いアインシュタイン（Albert Einstein　一八七九〜一九五五）が夫人を連れて、日本に来られた。それは、第一次大戦が終わった後、第二次大戦との間の、ドイツが非常に困窮している中で、ナチス・ドイツが台頭していく頃のことです。だから、第二次大戦前夜というか、その頃に日本に来られたわけです。

その時の様子を、金子さんは、日本の国を挙げての歓待と、来日によって受けたショックというものを、ドキュメントふうに一冊の本にまとめておられます。

金子さんという方は、もともと新聞記者をされた経歴もある方で、文章もさることながら、時代に対しての評価が大変面白いのです。その中に、新しく興った『改造』という雑誌が、時代をリードするべく、三人の知識人を日本に呼んだというのです。

その一番目が、バートランド・ラッセル（Bertrand Russell　一八七二〜一九七〇）でした。バートランド・ラッセルは、数学者であるのみならず、科学的にも非常に先端的というか、戦闘的というか、キリスト教の重たい歴史をもっているイギリスにあって、はっきりと無宗教を打ち出した科学者で、勇気あるというか、それこそ非難ごうごうの中でその信念を貫いたような方ですけれど、そういう方をお呼びしたのです。

その次に、サンガー女史（Margaret Sanger　一八八三〜一九六六）を呼んだのだそうです。サンガー女史については、どこかで聞いたことがあるという程度にしか知らなかったのですが、有名な産児制限の提唱者です。人間の未来というものを、今から七、八十年前に既に人口爆発というか、人口激増による将来の地球を心配し、そして差別されていた女性の地位というものに対して、女性として、後に繰り返し起こる、女性解放運動というような活動に、率先してあたった方なのです。

その当時、昭和が一桁《ひとけた》から、ようやく二桁に移行した頃（一九二六〜一九三六年）の日本の情況というのは、そういう方々を呼んで受け入れるような素地があったとは、とても思えないのですけれど、案の定、その当時の官憲は、政府絡みで、バートランド・ラッセルとサンガー女史に対し、入国は許可したものの、活動は控え、講演では政治的なことを言わないよう、行く先々に官憲の見張りを立てて、大変な締め付けを行ったという情況であったのだそうです。まあ、ひどい状態であったのです。

そしてその次に、アインシュタインを呼んだというのです。アインシュタインは、ご承知のように、相対性理論の主唱者ですが、ヨーロッパを発ち、船で日本へやって来た。その当時は、簡単に飛行機でやって来るような時代ではなくて、船だったのですね。ドイツに住んでいたけれども、スイス国籍ももっていて、船でヨーロッパを出て、インド洋を経て日本まで来るのに四カ月もかかった。そして、その船上でノーベル物理学賞受賞の電報を受け取ったのだそうです。

そのような時代情況と、その前後のことを大変おもしろく書いておりまして、そういう具体的な歴史について、私は何も知らなかったので、大変啓発されたわけです。

アインシュタイン博士は、ご承知のようにユダヤ人ですから、ナチス・ドイツが勃興《ぼっこう》して行く中で、命まで狙われていた。非常に危ない情況の中で、最終的にはアメリカに亡命したわけですが、その途中に、日本に寄られて、四十日以上も滞在したのです。

その頃、ヨーロッパにまで届いていたアジアの情報の中では、日本に関する情報が突出していて、今から百年以上も前には、日本ブームが捲き起こっていました。ジャポニスム（japonisme）と言いまして、美術の上でも、文化の上でも、いろいろな意味で日本への憧れがヨーロッパに吹き荒れていたのです。そういう日本の情報の中で、小泉八雲（Lafcadio Hearn　一八五〇〜一九〇四）が書いた日本人の姿をアインシュタインも読んでいて、日本には非常な憧れをもっていた。そして、訪れた先々で、大変的確な観察をして、日記に書き記している、そういうことを著者は取り上げて書いておられるのです。

そういう情況を知って、その時代の日本の素晴らしさを思わずにはおられないのですが、残念ながら、今の日本は、その頃と、景色も社会も、すっかり変わってしまいました。

そのアインシュタインという人が、科学の面では、二十世紀の世界観を変えたと言って良いほどの発見をした。それは、光の速さというものを特定し、そして光というものが、質量をもち、力をもったものであり、光によって、時間も、空間も測られているから、光の速度というものを相対化すると、時間も空間も固定されたものとは言えなくなるというのです。

光の速さで動きながらものを測ることができたら、時間はほとんど動かなくなるとか、空間がゼロになるとか、日常に、我われが感じている固定された時間・空間、我われがこの地面は大地だと認識しているそういう世界観が、相対的に、まったく意味をなさない、全然違うことになるというのです。

もちろん、いわゆる日常生活を成り立たせていることをマクロの世界というなら、マクロのレベルでは、あまり変わらないわけですけれど、ミクロのレベルで見るならば、固定された時間・空間は、どこにもないという理論が、科学的に出てきた。そのことを、いやというほど思い知らせたのは、原子爆弾でした。物質の質量がエネルギーに変わったときの変換が、原子爆弾となるのです。物であったものが、エネルギーに変わるという。何でもそうなるわけではないのですけれど、特定の放射性物質が、エネルギーに変わるときの爆発が、原子爆弾です。エネルギーを逆に閉じこめれば、物質になるわけですけれど、閉じこめるようなことは、人間の力ではできないのです。

そういう原理にしたがえば、すべては相対的である。物があると思っているけれど、じつは物ではない、エネルギーの塊が閉じこめられているだけであって、爆発すれば、エネルギーの形、つまり波動と光に変わってしまうというものです。

あらゆるものが相対化されるという意味でいえば、相対性理論というものは、人間のものの見方をまったく変えるほどの力をもっていたといえるわけです。

そういう天才的な科学者が、日本に来たにもかかわらず、軍国主義は、それまでの富国強兵を目指してきた歴史を引き受けて、無謀な戦争へと引きずり込んでいって、そして、そういうことが、何も見えていなかった国民は、そのまま引きずり込まれて、悲惨な戦争に突入していったわけです。

三

金子務さんの本を読みながら、そのようなことをつくづく感じておりましたのですが、結局、いわゆる近代というものは、人間が見いだしたこの自然界の原理、あるいは自然の成り立ちを解明する数式とか、物理学的に解明された質量とか、波動とか、そういった、人間が普通に感じているものとは違った科学的な解明によって、ある意味で記号化され、物質化され、人間にとって活き活きと感じられる環境ではなくて、きわめて怜悧《れいり》に、数式化されてきた。人間の感情とは異なった、数理で成り立つような世界として解明されてきたこの科学的世界。そういう世界のほうが、正しいのだと、そういう方向に行くことが、人間のあるべき正しい方向であるということで、科学教育とか、科学文明の方向性がどんどん進んできて、ある意味で人間がロボット化していくような方向で動いてきたのが、近代という時代だといえます。

それを成り立たせる方向は、哲学的な言葉で、クラール・ウント・ドイトリッヒ（klar und deutlich）というドイツ語があって、英語では、クリアー・アンド・ディスティンクト（clear and distinct）と訳されますが、klarであってdeutlich、deutlichというのは、日本語で判明という言葉を当てて、「明晰判明」と訳しております。きちっと定義できるというか、全体が明快で、分析可能というか、要するに人間の理性で何でもはっきりと解明できて、不明なものがない。見えにくいものがないようになることが、正しい方向であり、人間の未来が明るい方向に向かうという考えで、二十世紀を走りぬけ、二十一世紀もそのまま進みそうな感じになっていると思うのです。

けれど、それは結局、人間がこの地球上に生まれて、材料を、何でも理性で対象化し、分析し、数量化して、計算する。そのことによって、自分が思うように変革したり、物質をエネルギーに変えたり、何でも思うようにやれる、全部計算通りにやっていける。つまりは人間が世界を征服できるといった、傲慢な理性中心主義が正しいというふうに、自分自身を説得してきた。そして現在もなお、その方向で説得しつづけている。そういうことに対して、宗教のほうは、ただもう押されっぱなしで、太刀打ちできないでいます。

それに対して、宗教の側でも、いや、自分たちには、単なる盲信とか迷信ではない、きっちりとしたロジックがあり、理性的、合理的な背景があるという形で説明して、何とかそれについて行こう、そのレベルにのっていこうというような営みがあります。

いま、ブッシュ大統領が推し進めているようなやり方（二十一世紀初頭に大統領としてブッシュ二世がアメリカ合衆国を動かしていたこと）は、科学の方向に顔を向けようとしない原理主義で、聖書の教えのまま世界を見ようとして、その方向でしか宗教の独自性は守れないといった考え方に基づいています。そのような方向で宗教の独自性を守ろうとすることは、これは、もう傍から見たら、まったく迷信としか思えない。聖書が言っていることをそのまま信じて、神さまが世界を造ったのだと、文字で記録された神話をそのまま信ずるという。

これは、一時代前の日本が、天照大神《あまてらすおおみかみ》神話を信じたように、ユダヤの民族神話をキリスト教の旧約聖書として記述しているわけですが、それをそのまま信ずる。イエスが生まれて以後の新約聖書の部分も、記された通りを信ずる。人間には信じられないような神秘的なこと、神さまの仕事、奇跡がそのまま信じられて、信仰に結びつく。原理的にそういうことを信じていくということになると、これはある意味で恐ろしいことです。

こういうことは、村社会の独善性と同じことで、他は認めない。それだけが正しいということになっていきますから、それが、アメリカという国の力をバックにして動き出すとなると、こんな恐ろしいことはないのです。

ですから、この過ちは、きっとどこかでつまずくでしょうし、これは止めなければいけないことなのだろうと思うのです。宗教的な真理は、本当は存在の真理であって、神話そのものではないのです。神話が科学の内容に抵触するからと、科学教育をも否定するというのは、妄念なのでしょう。

私は、やはり、そういう原理主義が、憧れのようにして神話を自己の拠点にしようとするということ、今流行の言葉で言えば、自己のアイデンティティを神話に求めるということが、人間という存在の精神の深みにある。心と身の他に何か深みに求めていくものがある。この頃、世界保健機関（ＷＨＯ）でも、やはりスピリチュアリティ（spirituality）というものを健康の要素に入れようではないかという議論が出て来ています。メンタル（mental）であって、ボディ（body）をそなえ、かつ、ソーシャル（social）な存在としての身体と精神の他に、スピリチュアル（spiritual）なものを組み入れようというのは、心と身の健康の他に宗教的な精神を考慮するということで、それは結局、人間にとっては、単に科学化したり、対象化したりしたのでは、どうしても落ちこぼれるものがある、という問題に気づいたからなのでしょう。

その英語の spirituality は、ただ「精神」と訳したのではしっくり来ません。仏教の言葉を使って「菩提心《ぼだいしん》」といえば、かなりイメージが近いと思うのですが、ただ、菩提心と言ってしまうと、これはなかなか一般的には通らない。それでは「宗教心」はどうかというと、これも宗教という言葉自体があやふやですから、あまり説得力をもたない言葉になってしまいます。

ともかく、人間には、目に見える身体と、そして私どもが四六時中働かせている心の底に、もう一つ何か大事なものがあるということはわかっている。それをどういう言葉で言い表わして、そのレベルをどういうふうに開示するかということが難しいことなのです。（仏教の人間観では「仏性《ぶっしょう》」（ブッダター）という。）

曾我量深先生がなさった、法蔵菩薩の再開発といいますか、法蔵菩薩というお名前で伝えられている問題を開墾するということがもった意味は、人間の存在の根源を、神話で語られたことがもっている意味を、人間の現存在のもとに、原理の元に戻して考えていくということです。つまり、神話は、単に神話を人間の科学的レベル、理性のレベルにもち出して明るくするのではなくて、神話が内包する根源的な意味というものを開発し、問い直す。このことが、宗教とか、スピリチュアルという言葉で言われる大事な意味であるのです。

それは、科学化したり、対象化することのできない事柄である。しかし、理性にまったく無関係では、やはり説得力をもたない。そういう点で、非常に面倒なのですけれども、ここのところを明確にしていくことの大切さを痛感するのです。

西平直《にしひらただし》さん（京都大学教授）の言葉で言えば、アイデンティティを開かれたものにし、その一方で、個人の拠点としての力をもつ、ということが、どのように成り立つかという課題です。もしこの課題が克服されれば、教養が異なろうが、宗教の歴史が違おうが、その根源から語り直しをすれば、かならずどこかで響きあう。

そういうことをしていかなければ、これだけ人が交流し、文化が交流し、そして、世界は、科学的に言えば、もう宇宙のレベルまで解放されてしまっております。そういう中で、人間のもっている闇といいますか、生きていることに深い苦悩を感じ、そして自我の意味を問うという、そういう存在である人間は、科学化されて、対象化されて、数式化されて、あるいは統計化されて終わるようなものではない。本当に一回限りの、どこにもない、この一つの命というものを自分が本当に頷くということ、これは科学ではなしえない問題です。そういう問題に、この一回限りの命を生きているのは、みんな平等なのですから、自分が本当に立つということは、全世界がそれによって立つことができる原理を、本当に明らかにするということになるのです。

そういう問いというものを、現代においても、宗教の問いとしてたじろぐことなく投げかける、宗教の原理として提示できる、それが、大事な仕事なのではないかと感じております。

宗教の問題というものは、なかなか面倒なのです。わかったようでわからない。わかると言ったとたん、問題を世俗化したり、教義学化したりして、閉塞状態に陥ってしまう。どうしてそうなるかというと、根源的なレベルのものを、日常人間が生きている世俗のレベルに出してしまうと、問題が矮小化してしまうのです。

いつも、容易に開かれない根源というものと繋がりながら、つまり、譬喩的にいうなら、地中から湧き出る水の源泉を根拠として、出て来た水をいただいていくといいますか、泉のように湧いてくる水をいただきながら、源泉は源泉として本当にいつまでも大切にしていくという、そういうことが大事な方向なのではないかと思うのです。

何を依り処として価値基準を立てるのか

一

つい先日（二〇〇五年四月二十五日）、かつての国鉄（国有鉄道）が民営化されて出来たＪＲ西日本の福知山線での列車脱線事故で、大勢の犠牲者が出る大変な事故が起こってしまいました。

起こった時刻が、朝の九時過ぎの、通勤にはやや遅い時刻であったので、超満員ではなかったようですけれど、大学生の通学時間帯で、若い方々がたくさん乗っておられ、それが一度に大勢亡くなられるという悲惨な事故になりました。

この日本の国というのは、国民性ということもありましょうし、歴史ということもあるのでしょうけれど、近代化に非常に誠実に向き合って、精密に、着実に仕事をするという文化を保持してきましたから、世界に誇る精密ダイヤといいますか、ダイヤに遅れがない。たまに一、二分遅れると、遅れて済みません、といちいち放送するほどです。

それが、ヨーロッパなどに行こうものなら、一時間、二時間の遅れは当たり前で、謝るどころか、そのようなことは日常茶飯事、遅れないほうがおかしいといいますか、そんなにぴっちりとやろうなどという意識はほとんどもっていないと聞いております。

たかだか数年前でも、インドなどでは、飛行機の発着がまる一日遅れるなどということすらあったといいます。そういう国からすると、日本という国は、本当に、何というか、ちょっとのずれとか、違いにとても敏感で、何ですか、ビールの缶の印刷などでも、他の国では、多少色ずれが出ても気にしないのに、日本では、そのようなことはとうてい許されないというのです。

それだけ窮屈といえば窮屈なのですけれど、乗りものなどでは、事故が起こらないようにという配慮が、本当に誠実に行われてきたわけです。

ところが、どうもここへ来て、やはり随分と、無理が生じているとも言われています。結局、国有鉄道であったものが民間になった。民間ということは、営利団体ですから一挙に営利団体になったことによって、金を儲けなければならないという発想に、急転換したということがあるのではないかと感じるのです。

これまで、あれほどきちっとしていた国鉄が、ＪＲになったことであのような事故を起こしてしまう。そういうところに、今の世界事情とか、経済事情とか、日本の財政事情とか、やむを得ずそうならざるを得ない歴史的事情があるのでしょう。何を基準に、どういうふうにするのかということが、知らない間に、わからなくなってしまったところがあるようです。

儲ければいい、そのためには、ダイヤをつめたり、運行の現場で働く方々のことを無視してまでも、日常の大事な判断をしていくときの基準というものが、金儲けという方向に転換した感を否めない。それまでは、親方日の丸で、良きにつけ悪しきにつけ、国の名前を背負ってやっているのだというところに、責任感とか使命感とか、あるいは鉄道マンとしての誇りが築かれていた。だから、いろいろな方々が精一杯注意を払って人々を運ぶ、国民を運ぶ。そのことに自分たちが責任を負っているということがあり、事故は決して起こさないということを第一の信条とするようなところがあったはずでした。

それが、金を儲けるという方向に転換した途端に、何か、大事なものが抜けてしまったのではないかと感じるのです。確かに、サービスは一面良くなった。新幹線の接客態度でも、昔に比べるとかなり丁寧になったし、何かと、お客様のほうに向いて仕事をしようという様子は、見えないではないけれど、どうもそれが中途半端という感じなのですね。

演出家で竹内敏晴さんという方がおられますが（二〇〇九年死去）、その方は、高等学校だったか、大学生だったかまで戦前の教育を受けられた。戦前の教育ですから、お国のために命は投げて死んでいくのだという教育を受けて、先生方もそういうふうな教育をしてきた。ところが、昭和二十（一九四五）年の八月十五日、日本が敗けた途端に、ガタガタガタと価値基準が崩れて、翌日からは、何か魂が抜けたようになってしまって、みんな腰が立たないという情況があったそうですけれど、その時に、竹内さんは言葉を失うという経験をされたのだそうです。

そのことを竹内敏晴さんは、『ことばが劈《ひら》かれるとき』（思想の科学社）という本に書いておられます。言葉を失うということは、普通ではとても考えられないのですけれど、あらゆる言葉、言葉というものが完全に消えて無くなる。音は聞こえているし、目は見えているし、生活は普通にあって、ものも食べてはいるのですけれど、言葉というものがない。そういうふうな情況に陥ったのだそうです。

おそらく、それまでの言葉の基準というものが、突如として全部失われたという感じなのでしょう。だから、言葉を出す本《もと》が消えてなくなった。それで、言葉が全然使えなくなり、回復するまでに、相当の時間がかかったという体験をおもちの方なのです。

本当に、戦争に敗けたときのような極端な経験は、自分が依って立つ大もとが突然取り払われたというか、足もとの大地が突然無くなったようなものですから、そのような体験をもたれた方があったわけなのです。

そういうことを考えますときに、思い当たるのが、親鸞のお言葉、ご和讃に、「畢竟依《ひつきようえ》を帰命《きみよう》せよ」（『浄土和讃』）という言葉があります。

我われは、特に意識するということではなくて、当たり前に思っている基準に立って、当たり前に生きている。そんな中で、「畢竟依を帰命せよ」という、畢竟の依り処という、人間が生きるというときに、一番の根拠というものを、はっきりしておかないといけないと言われているわけなのです。

普通、我われは、そういう根拠なしでも生きられると思っている。知らないうちに何かを根拠にし、何かを自分の立場にして生きているのですが、それがどういうものなのか、何を価値基準にし、根拠にして、自分は生きているかということについて、深い自覚のないままに、何とかなっているのが我われの日常であるわけなのです。

二

この頃は、雑誌にしろ、新聞にしろ、テレビにしろ、悪い事だけを取り上げる面があります。起こってくる事件を毎日取り上げるわけですから、世の中の全部がそうなっているような錯覚を与えるようなところがありますけれど、じつはそれが全部ではない。しかし、ほんの一部の人が起こす事件ではあってても、そういう事件の当事者の心情と、あるいは事情と、今生きている我われの心の基準とは、全然別ものではないのです。だから、我われは、不安にさせられるわけです。

本願他力の信心によって、親鸞は「南無阿弥陀仏」というものを自分の依り処として、自分の命の根拠を本願に依ると、本願に帰すると明らかにされた。こういうふうに決断されたときに、いろいろな事情の中でいろいろなことが動いていくけれど、自分は、これに依って立つということを決断された。「畢竟依」という、つまり、畢竟の依り処として、大悲を自分の拠点とすると、こう決めて、生きられると。このことが、普通の我われの日常生活に対して与える大きな指示といいますか、それは、たとえ表の事情は変わっても、一番の拠点が変わらないということがもっている大切さです。

例えば、国について、清沢満之が、国というようなものは永遠ではないと言っております。明治維新の時に、それまでの江戸の幕藩体制という、国の形そのものが大きく変わった。明治維新を潜って、近代の日本が西欧文明についていこうとしたときに、とにかく何でもかんでも、お国、お国で、新しい国を作っていった。国の中心が天皇であり、天皇は万世一系であり、つまり、永遠の命の歴史の中に、今、この国があるというような錯覚を与えて、一人ひとり命は死んでも、国は滅びないという価値基準を押しつけた。

そういう一つの国という基準で、近代化し、教育をし、人々を動かしてきた。だから、国という基準を依り処として、戦前の教育も、あらゆる仕事も、経済もあったのです。今、日本で一流企業といわれている近代に興った会社は、始めはほとんど国営でした。

製紙会社であろうと、製鉄会社であろうと、石油会社であろうと、化学会社であろうと、すべて国営であった。その国営であったのを、順次民間に払い下げたわけです。特に、戦後になって多くの会社が民間に移行されました。

このような情況では、国というものは滅びることがないと信じられていた。戦争に敗《ま》けたことによって、そういう国という基準が崩れて、国民は、国というような基準は、本当は当てにならないということを、生活実感として、いやというほど感じさせられたわけです。

例えば、国債というようなものは、国のためにお金を出すということで、みんな崩れるはずのない国の発行する国債を買っていたわけです。それが、戦争に敗けたあとは完全に無価値の紙切れになってしまいました。

これは一つの例にすぎませんけれども、国などというものは、永遠のものではないわけです。そもそも、国という名前で作られた虚構ですから、情況が変わってしまえば、その国の実体というものはなくなってしまうわけです。戦争で敗けて、そのことが浮き彫りになったわけです。

国というものを立てて、教育実践、経済活動、その他あらゆることをやっていたという虚偽に、ほとんどの国民は気づけなかったわけです。

ところが、敗戦ということを潜り抜けて皆が充分にわかったのかというと、本当にはわかっていない面があるのです。戦争に敗けたということはわかったけれど、国という成り立ちが、どういうもので、それを支えるための教育がどういった構造で成り立っているのかということは、はっきりわからないままでいるのです。

そのことが、本当にわかっていないから、今頃になって、また政治家などが、戦前に戻そうとするような発言を平気でするわけです。錯覚のまま戦後がつづいて来ているものですから、国が滅びたということの内容がわかっていない。

このことは、何を依り処にするかという問題なのです。国を依り処にするということは、ナショナリズムが悪いというだけの問題ではなくて、有限なるものを人間の根本の依り処にしていたということが、誤りであるわけなのです。

我われは、ひとまず有限なるもので基準を立てますが、その有限なるものは、崩れるものなのです。永遠ということは決してあり得ないのです。それを依り処としていると、その有限なるものが崩れてしまえば、基準が無くなってしまうということです。

そういうことで、さきのＪＲの問題でも、何がどう本当に間違っていたと思っておられるのかということが、私には大変疑問に思われるのです。

少々ダイヤを調整して済ませるといったことに留まれば、また同じことが繰り返されることでしょう。ＪＲという仕事を遂行するのに、その価値基準がどうなのか、何に依るのか、どうもはっきりしていない。金儲けがそれであったら、また同じことになると思うのです。

そういうことを、今度の事故で痛切に感じたのですが、そのほかに、官僚の起こす事件でも、政治家の起こす事件でも、実に情けないような話ばかりですが、その問題の根は何であるかというと、本当の依り処をもっていないということなのではないかと思われるのです。依り処が金儲けにあったなら、人間は、そのためには何でもすることでしょう。

シェイクスピア（William Shakespeare 一五六四〜一六一六）の『ヴェニスの商人』の中で、ユダヤ人が強欲で無慈悲な金貸しであるように描かれておりますけれども、国をもたない彼らユダヤ人にはユダヤ教という強固な宗教があります。ユダヤはけっして金儲けだけではない、確固たる宗教をもつ民族で、それは、日本人がもつ精神的根拠よりよほど強いものだろうと私は考えています。

それを思うと、日本には、国があり、歴史があり、文化があり、宗教もあるわけですが、その中でとりわけ、浄土真宗を開き畢竟依というものを説いてくださった親鸞の教えは、それが人間にとってどれほど大切な意味をもつものなのかということが、どうも忘れられていると、私にはつくづくと感じられるのです。

私たちは、社会に生きておりますから、孤立した自我を立場にするということはできません。では、何に依るかということになります。我われはとかく、土地だとか、経済だとか、地位だとか、そういったものを依り処にするけれど、そういうものは、有限ですから、直ぐに消えていく。

何ごとが起きようと自分が立っていられる基準、それこそが命を支え、命を成り立たせている大いなるはたらきです。人間が見て、捉えたようなものではない。

仏陀は「無我」だとおっしゃった。無我という意味は、何も無いという意味ではない。「有無《うむ》をはなる」（『浄土和讃』）と言いますけれど、有とか無とかいう形の価値基準では捉えられないが、事実、ここに一人ひとりの命はあり、一人ひとりの有限な命は与えられてあるという事実があるのです。

そのことをどういただくか、そこで、本願に依って立ち、智慧を畢竟の依り処とする。「畢竟依を帰命せよ」という親鸞のお言葉が非常に大事な意味をもってくるのです。

理性というのは、一つの判断力というか、ものを覚えたり、それを蓄積したり、計算したり、そういう能力ですけれど、そういう能力というものは、依り処がないわけです。能力自身は依り処にならないのです。

理性が恐怖心に襲われて、それによって動かされれば、殺人もするし、戦争もするわけですから、そういうものを基準にはできない。

理性よりもっと深いもの、それは何であるか。長い時間かかって教えられてきた歴史に目覚め、しっかりと立たないと、それは見ることができないのです。その究極の依り処の上に、経済活動も、政治活動も、あらゆる活動が成り立っていなければ、本当は当てにならないといいますか、そういうような感じがしてなりません。

今、宗教教育の問題が言われていますけれども、宗教教育という言葉のもとに、戦前のような精神教育というか、国を基準に立てたような宗教教育を考えるのならば、それは本当の宗教ではない。宗教というのは、根源の基準ですから、相対的で、有限で、揺れ動くものを基準にするようでは、宗教とはいえないのです。

ですから、そういうことをはっきりと見すえて、私たちは、本願念仏の教えがもつ意味を自らもはっきりと自覚し、それを伝えていかなければならないのではないかと、そんなことを思っております。

近代において、浄土真宗に課せられた課題

一

昨日（二〇〇五年七月七日）、ロンドンで大きなテロ事件が起こって、これまでに、死者が三十名を超え、三百名近い方々が負傷したということが報じられておりました。

　この親鸞仏教センターが立ち上がったのが、二十一世紀に入った年、二〇〇一年でございました。その年の九月、ニューヨークで九・一一のテロ事件がありまして、二十一世紀はそのテロとともに始まったような感じを受けるわけですが、この度もまた、大きなテロ事件が起こったわけです。

（当時の）ブッシュ大統領は、テロに対して、武力でそれを収められる、あるいは覇権でそれを蹂躙《じゅうりん》できると思ったのでしょうが、あにはからんや、アフガニスタンも、イラクも、そして今度はロンドンでもテロと、ますます恨みが深まり、多くの人々が傷つけられ、解決のつかない、恨みと恨みのぶつかり合いという悲しい事態になっております。

　これこそが、近代という問題が煮詰まってきて、抜き差しならないところまできているということの現れではないか、と痛切に思うわけでございます。

　つまり「近代」にはいろいろな面がありますけれど、ハイデッガー（Martin Heidegger　一八八九～一九七六）という哲学者が——まあ、ハイデッガーについてはいろいろな問題が指摘されて、評価の上がり下がりが大変激しいのでございますけれども――そのハイデッガーが、人間存在は「世界内存在」であると、In-der-Welt-sein とドイツ語では言うようですが、そういうことを言っている。Welt とは世界、つまり world です。sein というのは、being ですから、Being-in-the-world ということです。

英語で言うと、何か頼りないというか、当たり前のような感じに聞こえますけど、ドイツ語で、In-der-Welt-sein という言葉を術語として作って、人間存在というものを世界内存在であるというふうに押さえた。和辻哲郎《わつじてつろう》さん（一八八九～一九六〇）が、『人間の学としての倫理学』という本を書くときに、これを参考にしたといわれているのです。

ハイデッガーはまた、Zwischenmenschlichkeit ということを言いまして、Zwischen、つまり英語の between ですが、Zwischen というのは、Zwei すなわち数字の二につながる言葉で、Zwischen-Menschlichkeit、「二つの間にある人間存在」という新語を作って、それを哲学の課題にした。

人間について「世界内存在」であるとか、「二つの間にある存在」だとかというふうなテーマを、哲学的に明確に立てて考えるということは、ヨーロッパの思想界としては、おそらく初めてだったろうと思うのです。

そのハイデッガーが、実は、日本から行った仏教者とか、哲学者とか、そういう人たちと対話をして、大変刺激を受け、仏教の考え方を取り入れて、自分の哲学を作り上げていったことが、広く知られるようになりました。

つまり、ハイデッガーが新しい思想を打ち出していったそのタネが、実は、日本から行った哲学者との対話を通して得られたもので、それはそもそも仏教の考え方の中にあるということなのですが、しかし、それを取り上げ、近代の哲学の問題として練り上げていったというところが、やはりハイデッガーの偉さだろうと思うのです。

ところで、仏教は、基本的には、釈尊が家を捨て、出家して覚りを開いて、その開いた覚りの喜びというものを人類に伝えるというところから、それが教えとなって伝わってきたものですが、そこには、初めに独りで求道して、独りで精神界を開いて、その喜びを生きるという仏伝がある。だから、何か、自分独りの精神界を解決すればそれで良いのだというような誤解が、仏教の中にはいつもくっついている。

けれども、お釈迦さま自身は、独りで覚って死んでいったのではなくて、覚りを開いてから、その喜びを苦悩の衆生に伝えるべく、残りの人生を尽くしたわけです。

そこに、「如来」、如から来るとされる、釈迦が如来であると敬われた。人間釈迦が、迷える衆生の中に真理そのものを生きて示し、言葉で語るところに、真理が形を現してきたのだ、ということです。つまり、自分が生きている場所で、本当に喜びを共にする人々に呼びかけ、そして共に歩んで行こうとされた。そこから、小乗仏教のような、死んでたすかっていくような涅槃ではなく、生きて、共に歩んで行こうという、大乗仏教の大きな悲願というものが、釈尊滅後五百年も経ってから、もう一度復興されるということが起こったわけです。

親鸞が、「浄土真宗は大乗のなかの至極《しごく》なり」（『末燈鈔《まっとうしょう》』）と、こうおっしゃっているということを、最初私はよくわかりませんでした。

つまり、自分が見つけた真理だからこれが一番だというなら、誰もがそう言えるわけで、そういうことを親鸞が言っているというなら、それはナンセンスだ、と私は思っていたのです。

でも、そうではないのです。親鸞は、なにも近代の問題がわかっておられたわけではないけれど、人間が、「苦悩の有情」として、共に愚かで、罪の深い命を、ぶつけ合いながら生きて行く。それは本当に解決のない泥沼をお互い足を引っ張り合いながら生きているような姿、そういう姿の中に、一切の衆生を救わずんばやまずという大悲がはたらいて、泥沼を生きている自分がたすけられるという、そういう喜びをいただく。

譬喩的に言うなら、もがけばもがくほど底なし沼に沈んでしまうような命が凡夫であるとするなら、その凡夫が、足をついて、そこから立ち上がることが出来るように、自分が、泥沼の中に入って、その踏み台になろうという悲願が、法蔵菩薩の悲願だろうと思うのです。そういう悲願が、「南無阿弥陀仏」

という名を生み出して、その名において、これを踏み台にして生きろ、とこう言ってくださったのだと。

だから、親鸞は、そういう大乗の悲願として、一切衆生を救わずんばやまずという大乗仏教の至極であるような悲願が、泥沼をお互いに生きているような衆生の根底に呼びかけ、そして一切の衆生と共に、「御同朋《おんどうぼう》、御同行《おんどうぎょう》」と呼びかけて生きていこうではないかと、おっしゃっているわけです。こういう大悲のはたらきの中に、大乗の至極であると言われる意味があるのだと、親鸞の叫びが、少しく私に聞こえるようになったということがあるのです。

そのことは、単に、親鸞の時代というのでなく、やはり、特に、現代という難しい時代に、今一度よく考え直されなければならないと思えることなのです。

二

もう半年程前になりますが、京都に大谷専修学院という、真宗大谷派の寺院住職になる資格（真宗大谷派教師）を取得するための教育機関がありますが、その専修学院に呼ばれまして、報恩講の講話をさせていただくご縁がございました。

そのテーマに、「定聚《じょうじゅ》に住するアイデンティティー」（『静かなる宗教的情熱』〈草光舎〉所収）という、まあ、何のことやらわからないようなテーマを出したのです。

そういうテーマを出させていただいたのは、その頃、東京大学におられました西平直先生（現在は京都大学教授）という方を親鸞仏教センターにお呼びして研究会をしたときの刺激が続いておりまして、その刺激を得て、こういうテーマで考えて行こうと思った次第なのです。

その研究会での西平先生のテーマが「アイデンティティとスピリチュアリティ」（『現代と親鸞』第九号）というものでした。

スピリチュアリティという言葉で、人間には、矛盾した二面の要求がある、と。それは、自分の拠点が欲しい、自分を支えるものが欲しいということと、自分がこういうものでありたいということとがある。仏教でいうなら、自我と自我の所有への要求といいますか、それは、自分の自信にもなるし、自分の生きる意味にもなる。そういうものが欲しいという要求と、そういうものを生きる場合に、繋がりというか、形で作った共同体は排他性をもつが、特に、近代であれば国とか、民族とか、何かそういうもので、自分は、何人《なにじん》であるとか、何人の国土に生まれたとか、そういうことで、自分を支えにする。

その、自分を支えるということと、その共同体がもつ排他性――他は駄目だと、他は同じ人間ではないといいますか、そういう考え、つまり、日本は聖なる神の国であって、他の国は鬼畜米英などと言って、もう人間と思わない、そういうふうに他を排他的に見て、内を固め、内を強くしていくということが、ある意味の近代の病気であった。

その近代の病気をいかに打ち破るかという問題、スピリチュアリティというのは、結局、本当に開けて、お互いに感じ合うと、精神と精神が本当に呼応し合うことを求めるのですが、それを求めようとすると、何かだらしなくなって、引きずられていってしまう。まあ、ナチズムに引きずられたように、大きな圧力が来ると、それでもよいとついて行ってしまう。

そういう曖昧さ、だらしなさと、ガチンガチンに固まった強固な自己と、両面の要求がある。その両面が両面として本当に成り立つとは、どういうことか。どういう意味で人間として成り立ちうるかという、そういう大変難しいテーマを、西平直先生は、誠実に、いろいろな観点から、いろいろな言葉で考えて教えてくださったのです。それが大変面白かったし、難しい問題だということをしみじみ感じたわけです。

仏教でも、初めから自我を解体しなければならないと言っています。自我は妄念であるということは、お釈迦さま以来の大事な課題であり、それまでのもろもろの神々を頼りにする宗教、例えばインドにはたくさんのヒンドゥーの神さまがいて、それぞれのヒンドゥーの神さまへの信仰をもって人々は生きているのだけれど、お釈迦さまは、それでは自分はたすからなかった。

そういうことの問題は何であるかということから、「自我」という、つまり、実体的な支えをもって、それで生きるということのもつ妄念というものを、お釈迦さまは見いだされた。だから、今の言葉でいうなら、自我の解体に成功したのが、お釈迦さまであると言ってもよいわけです。

つまり、インディヴィジュアリティ（individuality）というか、パーソナリティ（personality）というか、アイデンティティというか、そういう固定した形というものは解体せよというのが、お釈迦さまの教えの方向性です。で、近代以前だと、それで生きていける空間というものがあったし、それなりにそれは可能だった。

例えば、親鸞であれば、念仏弾圧の圧力があれば、そういうところを避けて生きよという言葉、「そのところの縁つきておわしましそうらわば、いずれのところにても、うつらせたまいそうろうておわしますように御はからいそうろうべし」（『御消息集』〈広本〉）があるのです。まあ、田畑を耕していて、そこに圧力が来て、お前は念仏を捨てよということが来たら、それとは闘わないで、縁ある土地の田んぼを耕しに行け、と言わんばかりの指示です。

そういう応対のしかたが可能な時代というものが、近代以前だろうと思うのです。人間が生きているかぎり窮屈な共同体はどこにでもあるわけですが、一方で、そこを離れてもなんとか生活ができる空間が幾らでもあったのが、近代以前だろうと思うのです。

ところが、近代文明はすべての世界を人間空間にしていって、近代の利器によって土地を耕し、領土化して、アフリカであれ、南米であれ、アジアであれ、残っている土地を全部人間空間、つまり資本主義空間にしていった。空いている空間をすべて人間の所有地にしていった。

そうなればもう逃げる場所がない。どこに行っても、もう人間の論理で生きるしかない。あるいは、別の言い方をすれば、あなた方がそう言われるならば、私はあっちへ行って生活しますよと言って身を避けるような場所がない。

近代以前であれば、世俗の空間から逃げて宗教空間に入る。そのことで、少しく世俗とは違う生活が出来ていて、いかにも清らかな、俗塵とは無縁の生活空間があるというイメージが、saint とか、holy という英語にも現れているし、仏教の聖《ひじり》だとか、聖人《しょうにん》だとかという言葉にも現れている。そのように違う空間を生きることができたのです。

ところが、近代というものは、どのような空間をもすべて世俗にした。これは、キリスト教では、世俗化（secularize）というふうに言っておりますけれど、結局、教会の中にも金の問題や、利権が絡み、地位の問題が絡むようなことが起きてくる。

どれほど、汚濁を断ち切って浄《きよ》らかになり、きれいになると言っても、それは仏教からすれば、虚偽なのですけれど、汚濁を断ち切って浄らかになることなどできないのが人間なのですけれど、そういう浄らかな空間、虚偽空間があると思って生きることが、近代以前にはあり得たのです。それが、近代という時代には、もうそういう空間がなくなってしまいました。

我われ、寺で生活していてもそうですけれども、寺の僧侶もみんなサラリーマンにさせられた。お寺と住んでいる人間とは別物です。お寺は法人で、そこで生きている人間は、名前は住職だけれど、お寺という法人から給料を取るという形にして、税金を払っている。そういうものが、近代という時代の、ものの考え方なのです。

そういう、特殊な虚偽空間の存在を許さない。つまり、全世界が逃げ場のない空間になったということで、それを押し進めて、個人が個人としてたすかるということが許されず、社会とのかかわりばかりが、常に問われてくる時代になっています。

最近、仏教者の間に、エンゲージド・ブディズム（engaged-buddhism）という言葉が広まりつつあって、これはこの世の関心に対し、この世の問題に対して、仏教徒もやはり積極的に関わろうという考え方です。

ベトナム戦争当時、アメリカが森林まで焼き払っていったときに、ベトナムの一人の高僧が、抵抗運動として、焼身自殺をした。アメリカ大使館の前で、油をかぶり自分に火を付けて、全世界の世論を喚起しようとした。

あの戦争は、ソ連や、中国の勢力が南下するということで、ベトナムでアメリカがそれを食い止めないと、ドミノ倒しのように全世界が共産圏になってしまうという理屈で、自己を正当化して、ベトナム全土を焦土にしていった。

あの時、日本のほとんどの報道は、アメリカ寄りで、我われ日本人は新聞を読むかぎりは、アメリカは正義の戦争をやっていると思わされていた。

それに対して、そこに生きるベトナムの僧侶が、焼身自殺という形で、抵抗運動ののろしを上げたわけですが、いまも、ベトナムではそういうengaged-buddhismを盛んに主張している僧侶が居るのだそうですけれど、その影響を受けて、日本でも、そういうことを言いだしている人たちもいるわけです。

これは、近代以降、現代の情況を映し出す、大きな課題なのだろうと思うのです。社会と無関係に生きることは出来ない。そういうことが我われ自身の中に自覚が足りないというか、昔の課題に、昔通りの答えをしておけば、今でも通用するというふうに思いこんでしまっているふしがあります。

三

しかし、そうではない問いが現代には生じて来ているのだと、西平先生は、寒天の譬喩をもち出して言われるのです。乾燥した寒天は固体で、形があり、境がある。ところがこれを水に入れて煮ると、溶けて境がなくなってしまう。仮にこの溶けた状態を「無」あるいは「空」とでも言うならば、この状態が人間の救いの象徴かも知れない。

その溶けた寒天が、冷えてもう一度固まると、新しい形が見えてくる。すなわち、初めの寒天の形を日常の世界意識とすると、これが一度溶かされ、形がなくなった状態、すなわち意識変容が起こって、それが再度固まり形をもつ。すなわちもう一度、現実との関わりからの世界が見えてくるという、そういう譬喩的な表現をして、この世で覚りを開いたら、それでもうこの世でなくなってしまうわけではないのだと。そういう課題を出されて、それを浄土真宗の還相回向を考える手掛かりにしたいとおっしゃっていました。

還相回向という問題は、難しいといえばこれほど難しい問題はないのですが、大乗仏教では、自利利他ということをいって、自分がたすかるだけではなく、人をたすけなければならないということを言う。親鸞は、自利という思いが、もう既に虚偽なのだと、利他のみが真実であり、そして、利他は阿弥陀如来のはたらきなのだと言われます。

衆生には、利他はできない。衆生は愚かであり、罪が深く、自分がたすかろうとしたときに、すでに、妄念に纏《まつ》わられている、自分本意の自我心に纏われていて、それの解体が出来ない。そこにむけて親鸞は、利他のみが真実だとする、そういう眼をもたれた。

その利他というはたらきの中に、衆生と一緒にたすかっていこうということと、たすかったなら苦悩の衆生のところに帰って本当にはたらこうという願いがある。その両方へのはたらきが、一人ひとりの衆生にははたらくというふうに親鸞は了解しておられます。この了解がなかなか面倒なのです。人間の意欲と如来の願いとが、どこかで混同してしまうのです。

人間は、愚かであり、たすからない存在である、だから阿弥陀如来がはたらこうとされる。そのはたらき方に、往相回向と、還相回向という二つのはたらき方があるのだと教えてくださっているのです。

それを、人間の側からすると、自分に往相回向としてのはたらきをいただいたから、それで浄土に往く。浄土に往ったら、今度は還相回向をいただいて、自分がはたらきに来てやれるというふうに思う。

そうすると、結局、自分がやれるということになって、往相回向も、還相回向も、どっちも自分がやれることを外がたすけるというような他力になるのです。それは、自分に対して外が他力だという、二元論的発想で、阿弥陀如来のはたらきをいただいているということになってしまうのです。

親鸞の教えは、そうではないのです。そうではないのですけれど、人間の考えというのは、そういう二元論的な考えを抜け出すことが出来ないのです。なかなか面倒な話で、今これ以上くわしくお話はできませんが、ともかく、西平先生が、還相回向とは何かというテーマを出してくださって、そのことと、我われが正定聚《しょうじょうじゅ》に住するという課題が残りました。

正定聚に住するということは、ある意味で寒天が溶解したような状態になって、つまり浄土の功徳をいただいて、しかもこの世を生きるということなのです。この世を生きるというときに、正定聚というのは、必ず仏に成るのだと、如来が支えてくださる。先ほどいった、泥沼の中に立つことの出来る拠点を、自分が踏み台になろうと身を沈めてくださっているはたらきが「南無阿弥陀仏」であり、「南無阿弥陀仏」のうえに立つことが出来るということが正定聚です。

だから、正定聚に立てば、後は、仏に成るのは如来のはたらきのままにお任せしておけばいい。自分から、泥沼を脱出するなどと思わなくともよい。もう、そこに生きていれば、土台がそのまま浄土になってくれるのだということが言えるのです。

こういうはたらきですから、「南無阿弥陀仏」に立ったなら、正定聚に住して生きていけばよいというのが、親鸞のいただきかたです。それが救いなのです。救いであると同時に、死んでから正定聚に住するのではなくて、生きているうちに立つということがもっている意味は、同時に、このどっぷりとつかった泥沼を生きなければならないという課題があるということです。

課題は嫌だから、逃げなければならないというのではなくて、「泥沼を生きよ」、と。私が踏み台になってあげるのだから、お前は泥沼を生きよと、こういう形で我われの救いが与えられてあるということが、正定聚ということの意味だとするなら、つらいけれども、苦しいけれども、この命が大事なのだというのです。この人生をしっかり生きなさいという、そのために如来がはたらいてくださっていると。

死んでからたすけてあげるという、そういう救いであったら、親鸞が正定聚を叫ぶ必要はないわけです。現生《げんしょう》正定聚ということをいう必要がないわけです。現生正定聚ということは、この闇の命を、この苦悩の命を、煩悩の命を、罪業の命を、嫌だと思って生きるのではなくて、そこを本当に引き受けて生きなさいと、生きることが出来るのですよという、そういうメッセージなのです。

四

どういうアイデンティティがそこで成り立つのですか、どういう意味で個性が認められるのですかと、西平先生から問いかけを受けたように思われましたので、「定聚に住するアイデンティティー」という少々わかりにくいテーマを掲げてみたわけです。

つまり、我われは特定の場所に住んでいる。例えば私の場合は浅草に住んでいて、今日こちらへ来る前に、英語のFEN（極東放送）を聞いておりましたところ、さかんに浅草のホオズキ市のことを言っている。日本人はホオズキというものを薬として見る一方、袋のなかに多くの種子を宿しているので、ホオズキ市に出かけてお参りをすると、四万六千日分もの功徳があると信じている、などと英語で一生懸命に説明していました。聞いているアメリカ人がどう理解しているかはわかりませんけれど、ともかく、そうやって浅草を宣伝してくれたことに、私としても、なにがしかのアイデンティティ、誇り、愛着、そういったものを、あらためて感じさせられたわけでした。

皆さんのお住まいのどこにでも、そのようなことがあるわけです。それをいやというほどに知らされたのは、京都での経験で、京都人の京都に対する執着というものは、ちょっと我われでは考えられないほどに強い。何といおうと京都が日本一であり、世界一なのだ、という発想です。

住んでいるところに対する愛着というものには、必ず排除性がある。たとえ何年京都に住んだとしても、私などは入れてくれないわけです。お前は江戸っ子だと、私は浅草には住んでいるけれど、江戸っ子ではありません。お前は、江戸っ子だ、わしらは京都人だと、こう言うのです。それが、つまり、アイデンティティというもので、それに愛着を覚えれば覚えるほど、排除が強い。

先ほどのイラクのことで言えば、例えば、キリスト教は許せない、あるいは、他の宗教は許せない、他の価値観は許せないと。そういう他の価値観とぶつかっても、近代以前は、何とか、お互いに折れ合って生きてきたのですけれども、この近代に至って、ぶつかり方が激しくなったというか、利害関係が激しい。つまり、逃げる場所がないわけです。

全世界が石油で生活している、そうすると石油の取り合いになる。アメリカがイラクまで出かけて行って石油を取ってしまうというような勢いですから、それは、死にものぐるいで抵抗をするに相違ないのです。

だから、そういう発想が生まれるもとに、人間の我の要求があり、猛烈な資本主義の要求がある。つまり、これは、暉峻淑子《てるおかいつこ》先生（埼玉大学名誉教授）がおっしゃっていたのですけれど、資本の論理には限度がないのだと、資本は儲ければ儲けるほどよいのだというのです。人間自身は有限で、死ななければならないし、ある程度食べたら腹も一杯になる。でも、資本は腹が一杯になることはない。それに身を任せていったなら、破滅するしかないのだということをおっしゃっていました。（「本当の『豊かさ』とは何か」、『現代と親鸞』第九号　親鸞仏教センター）

そういうことが、人間には、なかなかわからない。資本の論理に乗せられてしまうと、もう結局、きりがないわけです。人間を殺してしまうわけです。そういうのが近代ですから、そこから逃げ出すことはできないのです。それに引きずられはじめたら、人間はどんどん引きずられていってしまう。グローバリズムというのは、そういうことだろうと思うのです。

こういう中で起こってくるテロ事件というものの本質を、どこまで同感し、そしてまた、それを超える道をどこに求めるか、これは、これからの思想の、あるいは宗教の大問題だと思います。他人事では済まされません。

今、日本では憲法改正の問題が出ていて、自衛隊を軍隊に変えるということが、もう自民党内では決定的なのだそうですけれど、「軍」というのは、「いくさ」と読む字ですから、闘うための組織です。そういうものを敢えて持とうと。世界のどこでもそうなのですけれど、それが近代化したときには、原爆でも持つわけですから、今の時代、原爆のない国など意味がないということになるのです。

結局、相手と闘って勝つための戦《いくさ》であるならば、原子力を持っている国には絶対敵《かな》いませんから、原子力を持たなければ、持たないなら持っている国の手先になるしかない。そういう発想です。

そういう中で、自らを他に譲り渡さない拠点としてのアイデンティティを保持すると同時に、許容性をもって、お互い、共に愚かな人間で、愚かな有限な存在として許し合える地平を開いていくことは、もはや抜き差しならない課題なのです。

お互いに生きる場は世俗です。"holiness（ホーリネス）"はそれぞれが感じ、それぞれが作っていく。それぞれの宗教の言葉があり、教団があり、形が違う。しかし、一番の根源は、阿弥陀の大悲のように、この大悲に触れたなら、どこに帰っていってもよいと。ここだけが価値なのではない。どこにも無限の価値があるという眼を開くのが、浄土の功徳に触れることだ。そういうことが、阿弥陀の投げかけている課題です。

宗派性とか、組織性とか、そういうものは、必ず人間が作り出すわけですけれど、でも、そこに止まってはならない。阿弥陀の願に触れたからには、もっとそれより深い願い、それを破っていくような願いに触れていくことが願いである。組織が全世界を包んでいくような願いではない。

西平先生は、「無自性の教団」（「アイデンティティとスピリチュアリティ」、『現代と親鸞』第九号）ということを言われましたが、これも大変難しい課題です。

教団でありながら、無自性であること。ただの無教会主義では駄目だと。教会がなければよいかというと、教会がないと立てるものがないから、結局、個人の先生に依ることになる。誰々先生の話だから集まろうという。そういうように、結局、何か依るための拠点がなければ、真実が伝えられなくなる。

ひとりでに風が吹くだろうと、そんなことでは人は寄って来ないし、話ができない。だから、そこが難しいですね、とおっしゃりながら、「無自性の教団」ということが成り立つだろうかということをおっしゃっていました。それはこの世においては成り立たないわけです。人間の我執と我執のぶつかり合いのレベルにおいては絶対に成り立たないのです。

けれど、願いとしては、この世の固定した形を破るようなものを、矛盾しているけれども、人間はどこかで願っているに相違ない。その願いを、どこかで共有できるような論理、どこかで共感できるような課題として投げかけていく。そういうことが、近代というか、この現代の大きな課題だというのです。

正定聚を生きればよいというものではない、正定聚を生きるときに、どういう志向をもって生きるのか。しかし、何かを立てると、たちまちそれによって縛られることになる。平和でなければならないと言うとき、たちまち平和とは何であるか、ということが出てくる。カント（Immanuel Kant　一七二四～一八〇四）がもう何百年も前に、「永遠平和のために」という論文を書いていますけれど、では、カントが願った平和の世になったかといったら、なりはしないわけです。

だから、平和という課題を立てても、平和とは何であるかといったら、曽我量深先生がおっしゃったように、「心の中で喧嘩している人間が集まって、平和が出来ますか」ということになる。凡夫が集まって平和が成り立つわけがない。そのように言ってしまえば、人間の上に平和は絶対にないわけです。形として、一時的には妥協をしているということはあるけれども、本当はないのです。

本当はないから、軍隊を持ったほうがよいというわけでしょうけれども、軍隊を持つということは、絶対に平和というものはないのだと、絶望して、敢えて闘う立場に立つのだということです。

でも、開き直って、そういう立場に立ってしまうことがよいのか、そこが問題だと思うのです。人間は、矛盾した存在だけれど、固まっていこうということと、解体していこうということと、両方をもっている。この世は、我執と我執のぶつかり合い、濁っている罪濁の世ですから、どちらかに重きを置いて、それを本当に生きるということをしなければいけない、逃げてはならないということと、矛盾しているわけだけれど、矛盾を生きるということが、近代以降のこの世を生きる、生きざるを得ない人間の大事な方向性なのです。

宗教をもったら、もうこの世と関係なく、にこやかに笑い続けていけると、そういうわけにはいかない。やはり、つらいこと、解決できないことをもがきながら、悩みながら、しかし大きな大悲の呼びかけをいただきながら、あきらめることなく生きていくということが、大事なのではないか。そういう意味で、「浄土真宗は大乗の至極だ」と親鸞がおっしゃられた、その課題が、この近代という時代・社会において、いよいよ大事な方向性をもっていると思われるのです。忘れてはならない、本当に大切にしなければならない課題だということを、あらためて思い直しております。

第二章　親鸞思想の現代的意味

一　真の居場所とは―存在の故郷を求めて

地獄の苦悩を荷って尽くすべき仏法への恩徳

一

真宗門徒としましては、報恩講《ほうおんこう》の季節になり、あらためて、親鸞の教えというものの有り難さを思うことでございます。

この間から、西平直《にしひらただし》という先生のものを拝見しております。西平先生は、魂という言葉で、「魂のアイデンティティ」とか、「魂のライフサイクル」とか、魂ということが人間の中心にあって、その魂というものをどう感じ、どういうふうに自分の中で納得し、そして、それをどのように解放していくかという関心で、アメリカやヨーロッパの心理学者やら、教育学者というような人たちを研究してきて、ご自身で魂の解放のもつ意味というものを考えておられる方です。

魂については、インド以来の考え方では、輪廻転生《りんねてんしょう》というような形で、この世にいのちの形をとってたまたま現れるけれども、その魂そのものは形ではない。けれども、人間であったり、犬であったりというように、形を取って現れると考えるのです。輪廻転生するという考えは、長い間インドの民衆に伝承されてきていて、こういう考え方は、インドのみならず、あちらこちらの信仰に、これに似た生まれ変わりの思想として現れているのです。

近代のものの考え方、科学文明においては、そういう形のないものを科学の対象にはしない。科学の対象にはしないということは、知の対象とならないということでもあるということです。

ドイツ語で、科学をヴィッセンシャフト（Wissenschaft）と言いますけれど、ヴィッセン（wissen）ということは、知るということです。知の対象として、人間の理性の対象として、計算できるものとか、対象物として捉えることのできるものとかを、科学の対象とするのならば、魂というのは形がない、捉えられない。捉えどころがないのですから、科学的な対象にはならないということになります。

魂は形ではないけれども、それが形を取ったときのものは、捉えられる。けれども、それは魂ではない。西平先生は、そういう不思議な問題を、ご自分の関心と共に学問関心としても持ちつづけてこられて、そういう不思議な関心の学問をもって、東京大学の准教授という地位に就かれた方です（その後、京都大学に移られました）。

このことは、日本の、近代の科学的なものの中に、ある意味で無かった眼、あるいは、科学的ということによって塗り固めてきた、近代科学の見えなかった部分からの掘り起こしというか、そういうものに、みんな何となく気がつき始めたということがあって、はじめてそういう学問評価が成り立つのではないかと思うのです。

大学に教授職として呼ぶということになれば、やはり教授会の合議を経なければならないのであって、それを評価する先生方がいるということです。そして、そういうふうに評価されて、その人が東京大学出版会から、『魂のライフサイクル』などの本を出し始めているということが、大変、おもしろいことであると思えるのです。

それに関連して、例えば、ウィルバー（Ken Wilber　一九四九～）というアメリカの心理学者というか、思想家のことが思い浮かびました。この人は仏教そのものを、座禅を通して――この座禅というのは、チベット仏教なのか、日本の座禅なのかわかりませんが――とにかく座禅という修行をしながら、自分の心を開いていくというか、非常に求道的に、自分自身が、自分の心を開いていく。あるいは、もっと広い地平からものが見えるようになるということを、自分の身を通して実験しながら、そのことを著作にしていくという、大変珍しい思想家なのです。

二十年以上前に、そのウィルバーという人の『意識のスペクトル』（春秋社、一九八五年）という翻訳が出て、それを私は読んだことがあります。

人間の今の意識、今起きているときの理性の意識というものは、我に執《とら》われた狭いものしか感じられない。これを破ることによって、もう一つ広い自分、あるいは、この身体と共に感じている自分よりも、もっと底のほうの自分というか、そういうようなものがあるという考え方がある。

その時に、やはり欧米の人というのは、それに名前を付けて、実体化してものを考えないと納得しないところがあって、つまり、肉体と共にある自分の底に、更に意識と共にあるような自分だとか、あるいは、そのもっと深みに無意識と共にあるような自分だとか、何か、そういうようなことを名づけるわけで、それで考えていく。そういうことの試みをしながら、我に執われた自分から、命そのものは何であるかということを考えていっているのです。

そういうことと、仏教の無我の教え、仏陀の無我の教えと、インド以来の輪廻転生とが絡まって、このごろヨーロッパやアメリカの思想界に、深いところで、仏教の考え方が根づいていっているなという感じを受けました。

二

そのことを読みながら、気づかせていただいたことがあるのですが、それは、親鸞の激しいまでの「知恩報徳《ちおんほうとく》」というお心のことなのです。親鸞が求めに求めて、法然上人に出遇った。その出遇い得た感激を、単に、法然上人への恩返しという形で尽くすということであるなら、それは、あくまで個人的な人間の出会いという範囲にとどまるものです。

もちろんそういうことも縁としては、非常に大きなものがあろうかと思いますが、親鸞は、更にそのことを、「教えとの出遇い」、あるいは「法との出遇い」、更にいえば、人間を包む大いなる「本願力《ほんがんりき》」、あるいはそれを「大悲」とも言いますが、「大悲本願力のはたらきに出遇った」ということと捉え、それに対する感謝と報恩への強い思いを表されるのです。

親鸞の一生のお仕事の端々に、そういう報謝の思いというものが満ち満ちている。ちょうど人間の身体の隅々にまで血が巡っていって、栄養が届けられるように、親鸞の一挙手一投足の隅々にまで報謝の思いというものが行き渡っているように感ずるのです。

それは、『教行信証《きょうぎょうしんしょう》』でいえば、「総序」の文に始まり、「正信偈《しょうしんげ》」の偈前の文はもちろんのこと、「信巻」の値遇《ちぐう》の問題、そして「化身土巻」の一番終わりの「後序」にある、法然上人との出遇い、そういうものに一貫して「知恩報徳」ということが、脈打っている。

この「知恩報徳」という言葉は、単に付け足しに「知恩報徳」という言葉を加えたというような話ではなくて、言葉が生み出されてくるもとに、親鸞の報謝の思いというものが感じられる。

「信巻」の「現生十種《げんしょうじっしゅ》の益《やく》」(『教行信証』)のところで、現生正定聚《げんしょうしょうじょうじゅ》の利益(「正定聚に入る益」)ということをおっしゃるわけですが、現生正定聚の利益と共に、「知恩報徳の益」ということを押さえておられる。

仏法に出遇うことができるということがあるなら、そこには、自ずから知恩報徳の利益があると。

安田理深《りじん》先生は、この知恩報徳ということについて、「真理に出遇うということは、そこで止まらないのだ。本当に真理に出遇ったならば、もう真理にすべてのものをお返しする、真理にすべてのものをお返しして悔いがないということが、御恩報謝ということなのだ」と、おっしゃっておられました。

このお返しということが、恩を受けた相手の個人にお返しするということになると、そこには、何か不純粋なものが残るのですけれども、真理にお返しする、と。

恩徳讃《おんどくさん》で、

如来大悲の恩徳は　身を粉にしても報ずべし
師主知識の恩徳も　ほねをくだきても謝すべし
（『正像末和讃』）

という、このいわゆる報恩講和讃の恩徳ということが出てくるのは、聖覚《せいかく》法印（一一六七～一二三五）の言葉からとされていますが、それは聖覚法印の法然上人に対する謝念の表白《ひょうびゃく》の言葉なのです。

これを親鸞は、『尊号真像銘文《そんごうしんぞうめいもん》』で取り上げておられまして、そこには、漢字の言葉としては、「粉骨《ふんこつ》可《か》報《ほう》之《し》摧身《ざいしん》可《か》謝《しゃ》之《し》」といって、「粉骨」、骨を粉にする。骨を粉にしても報ずべし、「可報之」、これを報ずべきであると。そして、「摧身可謝之」、身を摧《くだ》きても謝すべきである。こういうふうに漢文で書いておられます。

親鸞は、それを恩徳讃では、骨を粉にするというよりも、身を粉にする、身を粉にして働くという言い方がありますけれど、骨を粉にするというよりも、身を粉にする、そして骨は摧くとおっしゃっている。

ここのところに、ちょっとデリケートなニュアンスの違いを感じているのですが、粉骨摧身、つまり骨や身を砕いたり、粉にするということは、何を表現しているのかということなのです。

つまり、骨や身を摧いたり、粉にするという表現、これには、存在を完全に無にするような意味があると思えてきたのです。

存在を完全に無にするようなことに遭うというのは、「等活地獄《とうかつじごく》」の苦悩なのです。地獄の鬼が、そこに堕《お》ちてきた罪人の、目をえぐり、鼻を削ぎ、耳を取り、手足をもぎ、そしてすりつぶして、それだけの罪を償わせるために、完全に存在を粉にするというか、つぶして、そして「活」というと、またもとの人間に戻ると表現されている地獄の苦悩です。

そして、もう一度初めからやり直して、また粉にするという。そういうことが地獄の苦悩として描かれていて、地獄の苦悩というものが、身を砕く、骨を砕くと表現されている。そういうことによって、何を表すか。私どもは、自我があって、ここに身があってという形で、自分というものが感じられているわけですが、これが完全に姿形がなくなるということは、完全に存在が消えて無くなるような苦悩ということを、身体がつぶされるという表現で表していると言えましょう。

地獄の鬼は、地獄に堕ちてきた罪人の声を、聞かないといいます。鬼には、地獄の罪人の声は、全然聞こえない。何を歎こうと、何も聞こうとしない。地獄の鬼にとっては、罪人が「わー、わー」と泣きわめいていても、それはあくびをしているのと同じである。そういう苦悩、つまり、自分という存在がまったく認められない。おまけに自分という存在は、完全にすりつぶされて無くなってしまう、そういうことが繰り返し、繰り返し起こるといいます。

それは、身の痛さ、身体が感ずる痛さだけではない、心も完全につぶされて無くなるということ。存在のすべてが、つぶされて無くなるということを象徴しているのです。

それを、「粉骨可報之摧身可謝之」という言葉は表しているのだろうと。たとえ地獄の苦悩があろうとも厭《いと》わずに、仏法の恩徳に捧げていくということがあるのだ、と。

そういうことが成り立てば、苦悩を感じて、そこから逃げ出したいという気持がなくなる。苦悩を逃げたいという人間の願望、それと重なる自己解放の意欲には、たとえ宗教心といっても、どこかで自分に都合の良い世界を求めることと、自分に楽しい世界を求めることとが重なっているのです。

天国に行きたいとか、極楽に行きたいとか、天国に行ったら静かにお眠りくださいとかというのは、人間がこの世で働き疲れて、つらいからであって、本当に楽しく、静かで、安らげるところが欲しいと思っている。そういう世界を映し出してくれるのが宗教的世界であるかのように、一般的には思われている。

西平さんが何を求めて、スピリチュアリティの解放について、おっしゃっておられるのかはわかりませんけれども、この精神心理が自分の意味を求め、自分が輪廻転生してでも求めていきたい何かを探していて、その果てに、無意識下にあって、解放されるものを求め得る、と言われる。その言葉だけ取れば、仏教で教えられる浄土の身体、「虚無之身《こむししん》 無極之体《むごくしたい》」（『大経』）という表現のような、形もない、色もない、すがたもない、何も無いようなのだけれど、そこに身体があるということと同じようにみえます。そういうことを求めているように見えるけれど、そういうものに出遇うということは、自由自在に自分というものを感じ直せるというか、この身体と共にある自分、意識と共にある自分というようなもの、そしてそれより深い自分、魂とかアートマンという考えをもとに置くということになる。

だから、先ほどのウィルバーの心理学が、「アートマン・プロジェクト（The Ātman Project）」というふうにも呼ばれることがあるというのです。

つまり、「アートマン・プロジェクト」ということは、自我のプロジェクトですから、アートマン（ātman）、自分自身というものを求める過程として人間に生まれた意味もあると。人間に生まれて、自分自身を――この頃、自分探求だとか、自分の完成だとか、そういうようなことが盛んに言われますけれど――自分自身が自分になることができるということを求めるのだというと、誰でも、ああ、それならよいなと思う。

ところが、その自分というものが、本当は、アートマンであって、そのアートマンは、仏教から言うならば、否定すべき自我であって、本当は無我なのだと。アートマンというものはないのだと。そういうことを仏陀が言われた。しかし、無我だということは、何も無くなるというのではない。むしろ、それに触れたならば、全存在をささげても悔いがないというような歓びが与えられる。そういうところに、親鸞が、一生を尽くして、自分の命がどうなるかとか、自分の仕事がどうなるかとかいうことではなくて、仏法ひとつを讃嘆《さんだん》する。

そういうことが自分にとって、地獄の苦悩を荷ってでも尽くしていける仕事であると、そういう思いが親鸞のお仕事の端々に感じられているのです。

でも、我われは、口先では、報恩講和讃（『正像末和讃』）を称《とな》えているけれど、全然、心が一致していない、「粉骨摧身」の思いなど爪の垢ほどもなくて、口先だけで称えている。口先だけになってしまっている。

そういうことをあらためて感ずるとき、それでは、親鸞のお心に遇っているとは言えないのではないかということを思い直して、この報恩講を機会に、一分なりとも親鸞のお意《こころ》に触れたいと、こういう憶《おも》いをもって新たに仏法を聴聞していきたいと思うことでございます。

二　何に向かって生きているのか

宗教なき時代における帰命

一

十一月は、親鸞の御祥月ということで、あちらこちらのお寺で、報恩講が勤められております。

報恩講和讃の結讃に、

如来大悲の恩徳は　身を粉にしても報ずべし
師主知識の恩徳も　ほねをくだきても謝すべし
（『正像末和讃』）

というご和讃があります。このご和讃で、報恩講が閉じられるわけですが、昔から報恩講というものを浄土真宗は非常に大切にして、このご和讃によって与えられる憶いを、自分の人生の出発点にして生きていくということで、報恩講が真宗門徒の元旦に当たるのだというような言い方もされております。

東本願寺（真宗大谷派）の名古屋別院が出しております『名古屋御坊《ごぼう》』という新聞がありまして、その担当者から、『正像末和讃』の「五濁悪世の有情の選択本願信ずれば」から始まる六首と、報恩講和讃の、この結讃で終わる六首の和讃との十二首について、一首について二回ずつぐらいで書いて欲しいと言われました。

ご和讃を、わずか八百字二回程度で味わうという、そのような難しいことは、私にはとても出来ないとお断りをしたのですが、ならば、書きたいだけ書いて欲しいと、こう言われるものですから、この十二首の和讃を、正月が入ったりすると抜けますので、六年ほどかかって連載させていただき、六十回程で書き終えました（『報恩講和讃　如来の恩徳をうたう』上・下、真宗大谷派名古屋別院）。

たまたま、親鸞仏教センターでの英訳『教行信証』の研究会で、「帰命《きみょう》」ということについて、英語では、"I take refuge in" とあり、"take refuge in" という言い方になっているということから、"refuge" というのは、避難所、隠れ家、逃げ場所というような意味があって、"take refuge in" で、自分の命をそこに託すといいますか、そこに預けるという、そういうような意味だという話が出ました。

曇鸞大師による『讃阿弥陀仏偈《さんあみだぶつげ》』という漢文の偈文を、親鸞が、日本語の偈《うた》にしてくださったご和讃に、「帰命せよ」というお言葉が出てまいります。

その中で、

清浄《しょうじょう》光明ならびなし　遇斯光《ぐしこう》のゆえなれば
一切の業繋《ごうけ》ものぞこりぬ　畢竟依《ひっきょうえ》を帰命せよ
（『讃阿弥陀仏偈和讃』）

とあります。このほかの和讃の中では、この帰命について、「広大会《こうだいえ》」とか

「大安慰」などと、内容が展開されています。この帰命ということを押さえるとすれば、この「畢竟依を帰命せよ」という言葉が、一番適切なのではないかと思うのです。「畢竟」、つまり、究極の依《よ》り処《どころ》に、帰命せよということです。

この間、あるお寺に頼まれて、私は、滅多に外へは出ないのですが、報恩講にお話に行きまして、報恩講のことについてのお話をいたしました。

その際に、私は、親鸞仏教センターにかかわって、現代という問題をいつも考えているものですから、現代という時代にとっての宗教生活ということをお話させていただきました。

端的に言うとすれば、現代は「宗教なき時代」であるといえると思うのです。宗教なきというのは、宗教現象は幾らでもあるのですけれど、宗教的な深い要求とか、宗教的な祈りというものが、ほとんど近代文明によって押しつぶされている。そういう時代だと思うのです。

現代人は、非常に不安があって、抑圧された状態の中を人間として生きていながら、人間の心が奪い去られているような生活を強いられている。経済活動の中、企業活動の歯車の如くになっている、そういう生活のもとで、自分がここにいるということが、いつも、どこかで抜けているという感覚に覆われている。

自分が生きているのだけれど、自分の内容が自分ではないような、貨幣経済のため、あるいは、物質文明のために、自分の大切な命のことなどかまってくれないというところがあります。

最近は、非常に倒産も多いし、いろいろなことが起こっておりますけれど、みんな、必死になって生きてはいるものの、その生きている内容は、果たして本当に自分の大切な命に忠実に生きているかというと、決してそうではない。むしろ、自分自身の内面を見つめたり、自分の命の大切さなどを考えるのは、日常生活のテンポに合わないので無視して、ただ闇雲に企業に使われ、働いているのが実状ではないでしょうか。

そういう中で、抑圧された気分がたまり、自分が自分を生きていないという不安感が、非常に深く人間の心に巣くっているのです。

だから、弁護士さんが繁盛し、また精神科医も非常に流行っているそうです。精神科医でなくとも、精神的な問題を相談する、話を聞いてもらう、そういった役割のカウンセラーが大変に増えてきて、そういう所へ行って、一週に一時間話をしてくるという。そういうことが、随分、現代生活の緩衝材になっているというのです。

そういう時代ですから、人間がこの現世を生きていて、そのまま満たされているはずがないわけで、自分が欠落し、疎外され、抑圧されているという感覚は強いのですけれども、では、真実の依り処になるものを求めるかというと、そういうことが、なかなかできないでいるのです。

だから、心の問題解決に心理学や精神分析学は求めるけれど、命の問題として、生きることの根本問題として宗教を求める方向には向かわないようです。

それでは、現代ではなぜ宗教が不在なのかということを考えてみますと、人間の命は有限であって、生まれるのも、たまたま因縁で生まれてくるだけで、自分でどこに生まれたいかを選ぶこともできないし、親のほうでも、願いはいろいろとあるけれど、とにかく健康に生まれてくれればそれでいいということで、願いをいえば切りがないし、まあ、願いのように生まれるわけでもない。

アメリカなどでは、子どもを音楽家にしたいから、天才音楽家の精子をもらって子どもをつくるとか、自分の子どもは科学者にしたいから、科学者の精子をもらってつくるとか、そういうことがあるそうです。こういう「つくる」という発想、命をつくるということは、本来、キリスト教からすれば、神への冒瀆《ぼうとく》であると思うのですが。

仏教でいえば、命というのは因縁によって与えられ、因縁が尽きれば死んでいくという命ですから、つくったり、勝手に命を無限に延ばすということはできようはずがない。どのような命であっても、思いのようには生まれないし、自分の思ったような人生にはならない。自分としては、年老いていきたくなくても歳は取るし、病気になりたくなくても病気にもなる。そして、死にたくなくても死んでいかなければならなくなるのです。

それをお釈迦さまは、生老病死は苦であると、人間の命は苦であると押さえられたわけです。ですけれども、人生が苦であるというその根源的なものの見方が、現代では、どこかで隠されているといいますか、本当は苦なのにもかかわらず文明によって楽になり、楽しみがあり、何でも、時間をつぶすような遊びがあるというような形で、何か、有限な命、人間の思うままにならない人生というものにぶつかって、それをしっかりと見つめるという、そういう人生態度が、どこかで忘れさせられているのです。

二

そういう意味で、現代において宗教というものについて語りかける、あるいは現代において宗教を生きるということが、大変困難になっているのです。

その一番の大もとは、「帰命」ということについての感覚がなくなっていることです。梵語では、「ナーモ（namo）」あるいは「ナマス（namas）」と言いますが、如来に南無する。南無するということは、これは天親《てんじん》菩薩《ぼさつ》（世親、四〇〇年頃～四八〇年頃）という方が、「帰命《きみょう》尽《じん》十方《じっぽう》無碍《むげ》光如来《こうにょらい》」とあるように、無碍光如来、すなわち阿弥陀如来に帰命する、阿弥陀如来に南無する、「帰命はこれ礼拝《らいはい》なり」と言われているのです。

「礼拝する」ということは、自分以上の存在、自分が本当に帰依してやまない、尊敬してやまない存在のまえに、深く礼拝するということです。礼拝というのは、単にお辞儀をするという意味ではないのであって、自分の存在をその前に本当に投げ出す。ですから、形としては五体投地《ごたいとうち》ということが、「礼拝門」の基本的な形なわけです。

五体ということは、頭と両手足、この五つを五体というわけですが、五体を投げるということは、身を投げるということです。その五体投地という形で表されるような全存在をその前に投げ出す行為が礼拝であるのです。

ですから、礼拝するということが、仏教の入門であるといってもよいわけです。そこで、「三帰依文《さんきえもん》」（仏法僧の三宝に帰依）といいますけれども、帰依するということは、その前に身を投げるという意味と、“take refuge in”という言葉とが、どういう内面的関係にあるのかということが問題になります。

　宗教とは、何であるかということの押さえ方はいろいろあるのですが、禅語に、「大死一番、絶後に蘇《よみがえ》る」という言葉がありまして、この「大死」、大いなる死が、本当に死ぬことであるという。いわゆる我われの死である人間の身が死ぬことは、小さい死だと。大死ということは、人間のさまざまな考えやら、疑いやら、分別やら、そういうものが、全部死ぬということだと、それを「大いなる死」と言っているのです。「大疑団《だいぎだん》」と言いまして、大いなる疑いのかたまりが人間であると、この疑いの塊が死ぬ、それを大死と言っているのです。

「大死一番、絶後に蘇る」、つまり、本当に死ねば、即座に蘇ると。だから、鈴木大拙《だいせつ》先生は、キリスト教で、イエス・キリストが十字架にかかって死んで、三日経ったら復活したという、その三日経ったらということが、なぜ三日なのだということをおっしゃいました。禅の立場からすると、本当に死んだら、即《そく》蘇るということであって、それは宗教的な生死ということがあってのことなのです。

そういうことでいうと、キリスト教には、肉体が死んで、また肉体が生き直すという、どうもそういうニュアンスもあって、キリストが槍《やり》に突かれて、心臓から血を出して死んだ、それで三日経って、本当に死んだことがはっきりして、その肉体が復活したという。そこにやはり、復活といっても何か、奇跡というか、神の子だから、もう一度命を生き直したという奇跡的な生命復活のような面が潜んでいますから、単なる宗教的な自覚の意味ではなくて、神の奇跡がキリスト教にはどうしても付いてまわります。

禅ではそういうことがないから、本当に宗教的な生に目覚めるということは、この疑い深い普通の日常生活の迷いが、本当に消える。と同時に、新しい生に蘇る。そういう、宗教生活に立ち上がるということを言うのです。「死して生きる」とも言いますけれど、浄土教にも「臨終来迎《りんじゅうらいごう》」という言い方もあるのですが、そういう生に対して、浄土教の信念というものは、今の、ご和讃にありますように、「帰命せよ」、「帰命せよ」と呼びかける。「帰命せよ」というところに、"take refuge in"ということがあるということは、生死の境目に、その自分の生を託する小屋というか、宿り場というか、そういう場所を見つけて、そこを取る。"take refuge in"ということは、そこに場所を取るという意味があるといえましょう。

そういう意味で、「帰依」ということは、自分を無責任にお任せするというのではなくて、全面的に自分が信頼したものの前に身を投げるということです。

全面的に自分が信頼して身を投げ得る、動かない根拠としての譬《たと》えに、川の中の「洲《しま》」、「洲渚《すしょ》」という言い方があります。つまり、流れていく人生の中で、洲は、川の流れにあって、洲は動かない。洲の周りを川は流れていく。

そしてまた、「涅槃《ねはん》」という言い方もありますけれど、涅槃、ニルバーナ(nirvāṇa)というのは、火が滅した状態であるけれど、そういうイメージで、この動いていく人生、不安な人生の中で、動かないものを獲得するということ。それが、涅槃の意味であるというふうに教えられております。

その帰依ということができるということは、この濁世《じょくせ》の流れていく人生に、毎日毎日、抑圧され、中身が奪い去られているような人生の中に、本当の自己を取り戻す。そういう意味が宗教生活のもつ深い意味です。

浄土教の場合は、禅のように、死して蘇るという、そういう言い方をしませんけれども、大拙先生は、浄土教であっても、浄土に往《い》って、浄土に生まれる、この世に死んで浄土に生まれるということは、生まれたと同時にこの世に還って来られるのだと、それが還相回向《げんそうえこう》だという言い方をしておられました。

だから、本当に死ぬということは、浄土に生まれて、新しくこの人生を生き直すことができるということで、だから大拙先生は、浄土を両脇に抱えて、還ってくるという意味があるというふうな言い方で、浄土教の信念というものを、非常に現在的に表現しておられました。

そして、本願の名告《なの》り、「南無阿弥陀仏」によって、浄土を両脇に抱えてこの世を生きるのだと、そういう言い方でした。だから、„Living„だと。この一時、一時を、本当の命として生きるのだという。そういうことができるのが、親鸞の教える「南無阿弥陀仏」だと。鈴木大拙先生は、そういうふうに領解しておられました。

これは、間違っていると言うわけにはいきませんけれど、ちょっと、浄土教の教えのいただき方とは、異なるところがあります。どういうふうに違うかというと、つまり、帰命ということは、命を帰するのですけれども、「畢竟依を帰命せよ」と、畢竟の依り処に帰命し、そこに託すという。託していくということにおいて、死んでもう一度蘇って来るという、そういうところまで自分のものにするというふうには言わない。

ここが、浄土教の難しいところでもあるし、有り難いところでもあるのですが、我われのこの人生は、確かに不安であり、あるいは抑圧されて、欲求不満があったり、苦悩が取れなかったり、毎日、毎日、新しい心配やら、不安感やらというものが湧いてくる。そういう人生の、いわゆる濁世、この濁った命を生きているという場所と、しかしその中に、依り処をいただいて、そこに帰するということ。そこに帰していくという形で、決して逃げるのではない。逃げるのではないけれど、帰していくという依り処をもつことにおいて、この不安な人生、このつらい人生を、むしろその帰命するということのできる場所として、生き直すといいますか、「南無阿弥陀仏」という言葉をいただくことにおいて、逃げるのではなくて、しかし、単に浄土へ往ってしまうのでもなくて、ここを場所としながら、本願のはたらきである「南無阿弥陀仏」を信ずる。そこに帰命する。自分の根源的な命を託するという、そういうお言葉をいただくことにおいて、この人生というものを、大事な場所にしていくことができるのです。

三

そういう意味で、曾我量深《そがりようじん》先生は、「前念命終《ぜんねんみようじゆう》　後念即生《ごねんそくしよう》」ということにおいて、「信に死し願に生きよ」という内実を見いだされた。つまり善導大師の本願成就文理解《ほんがんじようじゆもん》としての「前念命終　後念即生」という表現に「信の一念」の内実を読みとられた。前の念に命が終わる。次の念に浄土に生まれる。死して生まれるという。そういう宗教の一番大事なところを押さえた。やはり死ぬということがなければ、新しい命に生まれるということはない。

だから、宗教生活が欲しいということは、この世に、ある意味で死ぬのだということです。我われは、この命に死なないで、もっと良いものが欲しいと思っているから、宗教が身につかない。この世での欲を満たしながら、宗教も欲しい。そういう宗教は、邪教であるといってもよい。ある意味で、この世に本当に死んで、宗教の尊さに出遇う。そういうところが、本当の世界宗教の本質だろうと思うのです。

キリスト教でも、そうです。やはり、死して蘇るという。だから、キリストが言うように、あなた達の人生に死んで、私の人生に蘇れといって、私に来なさいと。

浄土に往けというのを英語ではcomeという言葉を使いますけれど、あれも、私は気にかかっていまして、単に往けではない。お釈迦さまは、「一緒に往こう」とおっしゃったのだと思うのです。つまり、お前ら往けと言っているのではない。かといって私の所に来いと言っているのでもない。だから、天親菩薩の「回向門」も「普共諸衆生《ふぐしよしゆじよう》　往生安楽国《おうじようあんらくこく》（普《あまね》くもろもろの衆生と共に、安楽国に往生せん）」と言われて、みんな一緒に真実の命を生きようではないかという呼びかけです。

だから、そのcomeという意味が、私の所に来いという意味ではなくて、「如来のもとに一緒に往こう」という呼びかけが、comeなのです。一緒に往こうという、それが「回向門」だと、天親菩薩は「普くもろもろの衆生と共に、安楽国に往生せん」と、押さえるわけです。

親鸞は、「回向門」を如来の回向だと、如来のはたらきだとおっしゃるわけですから、そういう意味で、如来の回向をいただいて、その回向を、普くもろもろの衆生に伝えていこうという仕事が、お釈迦さまの仕事でもあるわけですから、「往こう」と訳せばよいのではないかと思ったのです。往けと、発遣《はつけん》というと、往けというニュアンスが強いけれど、それも「往こう」という意味ではないかなと、そういうふうに思ったのです。

「帰命」ということも、親鸞は「本願招喚の勅命《ちよくめい》」であるという、つまり絶対命令だと。本当に如来に南無することができるのは、自分の思いでは南無できない。つまり、あきらめきれない。この世に死ねない。けれども、南無せよ。つまり、本当の人生に蘇れと、新しい人生に蘇れと、こういう呼びかけを、自分の中にいただくということが、南無です。

南無できるということは、南無できるということ自体が、本当の命に目覚めさせられる、引き出されるのだと。だから、何かに命令されていくという意味の命令ではなくて、内なる命令といいますか、自分が本当に南無できるということが、有り難いということであって、それが、勅命と、「帰命は本願招喚の勅命なり」とおっしゃる意味だろうと思うのです。

そういう命を呼びかけて、そういう命に触れていくということが、この浄土真宗の信仰生活であるし、人間にとって、こういう大事な呼びかけは、聞けば誰でも、ああ、そういうものが本当だなということが、わかるはずなのです。

ただ、濁世の、この世の価値、この世の、近代文明というものは、人間の合理性で、人間の豊かさとか、便利さとか、人間に都合のよいものをつくっていくということが良いことで、それで人間は幸せにもなるし、無限の意味も与えられるという錯覚を与えてきています。

実際、ふと気が付いてみると、私たちの日常は、情報、それもテレビからとか、ラジオや新聞からとか、みんなお金絡みのものです、どこかに遊びに行くといっても、自動車に乗って行く。どこかで遊びたいといったら必ずお金を出して遊ぶ、自動車で出かければ、サービスエリアでお金を出して、何かを買う。とにかく、経済活動の中で遊びというものも与えられるだけで、本来の命に悠々と遊ぶということが、ほとんどできない時代です。

こういうのが、近代生活ですから、資本は死ぬということがないのです。会社は破産をするけれど、資本自身には国境というものがなく、アメリカの資本が、ブラジルにも行けば、スイスにも行く、日本にも来る。どこへでも勝手に動いていくのであって、国境も、人生も、何も無いわけです。譬喩的には人間を食いつぶすようにはたらいていて、仕事が済めば資本は動いていってしまうわけです。

私は毎月、滋賀県の長浜にお話に行っているのですが、長浜市の郊外に楽市《らくいち》という大きな市場があります。織田信長や豊臣秀吉の時代、城下町に自由な商業活動をさせようと楽市楽座というものを設けた。その楽市という名前を使って、田んぼの真ん中にドーンと巨大な市場を作ったのです。

そうすると、自動車文化ですから、町の人たちが、みんな子どももづれで、自動車でそこへ遊びに行く。そこではお金がかかるのですけれど、遊園地があって、買い物ができて、一日遊んで帰ってこられる。だから、町の中の商店街は、さびれて、どんどん潰《つぶ》れていった。町の中で買い物をするよりもそっちに行ったほうがおもしろいというので、みんなそっちに行ってしまう。

それで、町の中がさびれて、ウィークデイの昼間など人がいない、猫しかいないというような状態になり、商店街が潰れて、町がさびれきった頃になって、長浜の人たちは気が付いたのです。

それはどういうことかというと、二回か、三回そこへ遊びに行ったら、もうつまらなくなるのですよね。金で買って遊ぶようなことは、すぐに飽きてしまう。それで、こんどはその楽市がさびれてきた。すると、資本は、さーっと引き上げてしまった。

そこにかかわった商店は、困ってしまって、結局、また元に戻って、町をどうにかしなければならない事態になったというわけです。

それで、長浜は本腰で観光都市の復活に励んだ結果、やがて町に活気が出てきて、今は、四六時中、人がいっぱい歩いていて、食堂や喫茶店なども大いに流行っている。やはり人が寄ってくることによって、町が形作られるということで、これは成功したほうです。

だから、その土地の人が、そこで生活をしながら一緒に楽しむということでないと、結局、資本にやられてしまうわけです。そういうわけで、とにかく現代生活というものは、資本が、恐ろしい勢いで人間を押し潰して行きますから、油断していると、もう、本当に根こそぎやられてしまう。そういう恐ろしい時代です。

こういう時代ですから、不安も多いのですが、そうであっても、そういうものに踊らされてはいけない。つまり、近代文明に引っ張り出されて、引きずり回されているだけではいけない。もっと原始的なといいますか、大地に立って、人間としての命を生きているのだということに目覚めて、一人ひとりが、もう少し人生や生活の意味を問い直しながら生きていくことに目覚めないと、日本はもう潰れてしまうのではないかと、そういうことと重ね合わせて、浄土真宗の教えを本当に日本人が、もう一度聞き直すことが、重要なこととして思われるのです。

それが、親鸞が我われに呼びかけている報恩講和讃の深い意味ではないかと、そのように思うのです。

清沢満之・曾我量深の一生を貫く求道

一

明治三十四（一九〇一）年、かれこれ百年前に、巣鴨に真宗大学という名前の大学を清沢満之《きよざわまんし》先生が立ち上げられました。宗門の真宗大谷派の子弟《してい》養成というのが、差し当たっての目的であったのですけれど、首都東京という場所で、新しい近代文明をまともに浴びていきながら、これからの時代を目指して他力の信心に立って、しかも、文明であろうと、科学であろうと、他の思想であろうと、そういうものに少しもたじろがない、しっかりした信念をもった人物を育てたいというのが、清沢満之先生の願いで、その願いの下に、小さいながらも巣鴨の高台に、真宗大学の名前をもった学事施設がもうけられたわけでございます。

清沢先生は、結核が悪化していて、血を吐きながらのお仕事でした。明治三十四年の十月に立ち上げ、一年ほど立った三十五年に、清沢先生あるいは関根《せきね》仁応《にんのう》（一八六八〜一九四三）という、清沢先生の右腕となって、その学事施設を支えようとされた先生の願いが、若い学生たちに受け入れられず、残念なことですが、ストライキという事態に立ち至ったのです。

動機は、事務の長（主幹）であった関根仁応師の排斥運動であったのですけれど、清沢先生は深く傷つかれたのでした。自分の願いを学生は受け入れてくれないということで、ならば、自分は辞めるといって辞表を出して、三河の養子先の西方寺《さいほうじ》に帰られたのです。それが、明治三十五年の秋であったそうです。

そして、西方寺に帰られた、翌年、明治三十六（一九〇三）年の六月六日に満四十歳の齢《よわい》を前に、三十九歳十一カ月で亡くなられたのです。

それから十年、明治四十四年まで、真宗大学は巣鴨の地にあったのですけれど、宗門の諸事情で廃止されて、清沢先生の願いは、形としては跡形もなくなったのです。

その清沢先生が亡くなられた前の年、清沢先生が三十五年の秋に、家財道具を引き上げて郷里に帰られた後の浩々洞《こうこうどう》に、明治三十六年、曾我量深という人が入洞された。

共同生活を旨とする浩々洞、その頃の浩々洞の場所は転々と動いていて、初めの場所は、近角常観《ちかずみじょうかん》先生が洋行しているあいだ求道会館《きゅうどうかいかん》をお借りして、そこに「浩々洞」という看板をかかげ、その後森川町から、東片町《ひがしかた》へと移動したようです。その地から清沢先生が居られなくなった後の浩々洞（本郷区曙町）に、曾我量深師が入洞されたのです。

清沢満之先生は、明治に先立つこと五年前の、文久三（一八六三）年という年にお生まれで、曾我量深先生は、明治八（一八七五）年のお生まれです。ですから、明治三十六年には、曾我量深先生は、誕生月で前後するかも知れませんが、だいたい二十八歳だったはずです。

曾我量深先生がご自身で書いておられますように、当時、真宗大学が発行する『無尽灯《むじんとう》』という雑誌があり、また浩々洞から『精神界』という雑誌が出ていました。『精神界』が世に出ると（明治三十四〈一九〇一〉年一月発刊）、世間からは随分と非難を浴びたわけですが、曾我先生は、真宗大学から出ていた、薄いパンフレットのような『無尽灯』に、浩々洞の信念に疑問を呈するという文章を、連続して書き始められた。その書き始められた直後に、ストライキ問題が起こり、そして、清沢先生が真宗大学学監を辞めて郷里に帰っていかれた

（明治三十五年十一月）ということがあったのです。

そしてその三十五年の二月、上野精養軒で、京浜仏徒の会という、京浜地区の仏教徒の懇話会がもたれたのです。

その時は、仏教というものが、近代に立ち遅れるという危機感があり、キリスト教は入ってくるし、そして仏教の世界観であった須弥山《しゆみせん》説が批判される。仏教は迷信だというようなことが流布される、中でも浄土真宗は、他方浄土みたいな、天文学とまったく相容れないことを言っていて、時代遅れだというか、そういう時代の空気の中で、京浜仏徒の会というのが催されたのです。

その会には、どのくらいの人が集まったのか分かりませんけれど、その席で、多数の人たちから、清沢満之の『精神界』の思想に対して、非難が集中するということが起こった。

それらの言葉を、清沢先生は黙って聞いておられて、一言の弁明もなさらない。そして、立ち上がられて、「諸方の高教」、と清沢先生はおっしゃられたそうです。まことにかたじけない、けれども、自分は何も新しいことを主張しようとするのではない、ただ自分は自分の罪悪と無能とを懺悔《さんげ》して、如来の御前にひれ伏すばかりであると、本当に無能で愚かであるということを表白するのみであるといって座られたというのです。そのことを、曾我先生は、清沢先生の七回忌の法要での講演の席で述べているのです。

その時にも、曾我先生は、なぜ入洞したかということについては一言も言われませんでした。これが、私にとって一つの謎だったのです。

清沢先生の生前には、「浩々洞三羽烏」といわれた暁烏敏《あけがらすはや》（一八七七〜一九五四）、多田鼎《ただかなえ》（一八七五〜一九三七）、佐々木月樵《げつしよう》（一八七五〜一九二六）という直門の方々が共同生活をされていた。そういう方々を中心に、その他何人かの方々が、清沢先生を取り巻いて一緒に生活をしておられました。

その時、そこに曾我先生も入っていてよさそうに思えるのに、曾我先生は浩々洞には入らずに、浩々洞一派を糺《ただ》すというような文章を書いておられた。それが、清沢先生が去られた後で入洞しているのです。その契機が私にはわからなかったのです。

これについて、清沢先生の七回忌の法要の講話を読んで、そうだったのかと気づいたのです。つまり、そこで曾我先生は、清沢満之という人の精神に触れたのでした。

二

その七回忌の講演の題が、「自己を弁護せざる人」というものです。

つまり、仏教は讃嘆する人間だけが、仏教を支えるのではない。例えば、釈尊における提婆達多《だいばだった》がそうであると。提婆達多は、お釈迦さまを殺そうとした人間で、仏教を学ぶものは、みんな提婆達多は悪人だから駄目だというのだけれど、その提婆達多のお陰で、浄土教というものが説かれたし、たすからない人間をいかにたすけるかということでお釈迦さまが、こころを砕いて、罪悪深重の衆生をたすける教えというものが開かれてきた。ということであれば、提婆達多こそ仏教を輝かせた人であると、そういうような論調で曾我量深先生の思索が展開されているのです。

そして、おもしろいのは、そこで自分も清沢満之に対する提婆達多でありますと。先生の生前には、身の程もかえりみず、清沢満之に向かって、筆なる剣を向けたと。そういう人間が、こういう席でお話をするということが、不思議なことでありますと言って、しかし、提婆達多も仏陀の教えを輝かすということがあるならば、自分如きものも、清沢先生を輝かせることもありましょう、とおっしゃられた。別に自慢しているということではないのでしょうけれど、曾我先生一流のおもしろいお話なのです。

その清沢先生は満三十九歳で亡くなられたのですが、曾我先生は長生きをされて、九十六歳まで生きられた。八十六歳の時に、大谷大学の学長になられたのが、親鸞の七百回御遠忌の年で、今から約五十年前のことです。

御遠忌の年の、昭和三十六（一九六一）年八月十日に大谷大学の学長に就任された。この大谷派なる宗門にあっては、宗門と近代教学とがぶつかり合うなどして、あまり上手くいかなかったのですけれど、ぎくしゃくしながら、そのお陰で曾我量深先生も、大学に戻ったり、出されたり、また戻ったりということで、普通の常識的な、この世の中の立場を大事にするというような価値観だけで生きていたなら、怒り心頭に発して死んでしまうか、あるいは宗門を離れてしまっていても不思議はないほど、ひどい目にあわされているのです。

その曾我先生が、最終的に、八十六歳で、宗門の願いを受けて、大谷大学の学長になってくださったのです。

ちょうどその年に、私は大谷大学の学生になりました。そういう幸運な巡り合わせであったものですから、先生が亡くなるまでの十年間、曾我量深先生から、教えをいただくことができました。

そういうことで、曾我先生がもし長生きしておられなかったら、曾我先生が、八十六歳以前になくなっておられたら、当然私は、曾我先生に触れることはできませんし、曾我先生に触れていなければ、私は、ひょっとすると、親鸞に縁をもたなかったかもしれない。親鸞の教えというものは、現代の人間、近代の人間が、直接親鸞の教えを読んで、何らかの利益を得ようとしても、そう簡単には、触れられないものではないかと思うからです。

曾我量深先生のお書きになったものは、大変難しかったのですが、そのお弟子筋に当たる安田理深先生という方が、一生をかけて、親鸞の思想というものを、現代の思想にぶつけながら、噛《か》んで含めるように説いてくださいました。

そういう安田理深先生のお姿と、その情熱と、その思想の魅力というものによって、長い時間かかって、私も、少しく親鸞の教えの神髄というものを嗅ぎ取れるように育てていただいたわけです。

曾我量深先生が学長になられて、さて文学部長は誰かというとき、自分は松原祐善《ゆうぜん》を信頼するとおっしゃって、松原祐善先生を文学部長に命ぜられたのです。

当時、七百回御遠忌に向けて、東京に学事施設か研究施設を作ろうという願いが動いて、昭和三十二（一九五七）年でしたか、京都の教学研究所（当時は教化研究所）の東京分室というものが出来て（当初、浅草の東京別院内に置かれ、後に本郷に移る）、そこの所員ということで、松原祐善先生は、昭和三十三（一九五八）年に、東京の、この親鸞仏教センターのある本郷向丘《むこうがおか》の地にやって来られました。

松原祐善先生は、戦後、肺結核になられて、富山県の山中の城端《じょうはな》（現在の南《なん》砺《と》市）にあった結核療養所で、特効薬のない時代ですから、ただじーっと寝ているしかない状態で、療養生活を送られたのだそうです。その結核療養所は、蓮如上人の門弟で、赤尾《あかお》の道宗《どうしゅう》（一五一六没）という有名な門弟が住んでおられた山のすぐ側であったのだそうです。

松原祐善先生は、死をも覚悟してそこの療養所におられながら、赤尾の道宗のことをいつも憶念しておられたというのです。あの、四十八本の薪のうえに身を横たえて、法蔵菩薩のご苦労を思えと、自身にそう呼びかけて、薪の上に寝ておられたという。そういう伝説のある赤尾の道宗のおられた直ぐ側の土地で、死を覚悟して、結核の療養に励まれました。

その成果があって、昭和三十三年の頃には、どうやら肺結核は治まった。ご承知のように、結核菌が身体に回って、それが、松原先生の場合は、痔瘻《じろう》という、肛門に結核の症状が出てくる大変つらい病気だそうですが、それが残っていたのですけれど、それでも東京に出て来られた。死を覚悟して、東京に骨を埋める覚悟だったと松原先生は、後におっしゃっておりましたが、この地で昭和三十三年から、三年間、ぼつぼつと教学の仕事を始めてくださっていた。

その頃、東洋大学に東西の真宗系の学生が中心になって真宗講座というような講座が開かれて、松原祐善先生は、講義に行っておられたようです。以前にあった、宗門の教師の資格がとれるという制度も当時は無くなっていたそうですが。

そういう覚悟で、松原祐善先生は、この本郷の地の教学研究所東京分室に居られたけれど、曾我先生が学長を引き受けられたのならば、ということで、ご自分も京都に戻られた。その頃に、私も松原祐善先生にお遇いしたのです。

そこで、松原祐善先生は、曾我先生と一緒にご隣山の大学である龍谷大学に挨拶に行かれた。そして学長室に入られて、その時の龍谷大学の学長は増山顕《けん》珠《じゅ》先生でしたか、学長ですから五十歳代か、そういった年代の方だったのでしょう。

それに対して、曾我先生は、八十六歳ですから、まあ、歳が違うというか、格が違うというか、そういうこともあったのでしょうけれど、龍谷大学の学長さんが、大谷大学さんはさすがです、単科大学としてよくやっていらっしゃる、というようなことを言われたのだそうです。

そしたら、曾我量深先生は、居住まいを正して、「それはそうです。我が大谷大学には、学祖、清沢満之先生が居られます」と、言われたというのです。清沢満之という方が居たという、これが、大谷大学と龍谷大学の違いですと、そう言ってすたすたと帰ってきたというのです。

清沢満之という人が居たということが、私どもの真宗大谷派にどれだけ大きな恩恵となっているかということは、宗門の人間もあまり深くは感じていないかもしれません。けれど、曾我先生は、清沢満之との出遇いによって真実の仏教への目が開けたのです。今まで、自分としては親鸞の教えのつもりで学んでいた学びというものが、間違っていたと。それほど大きなショックを受けたし、だから、初めは疑問を呈したのです。

清沢満之の信念というものには、未来への指標がないのではないか、ということがいわれることがあります。つまり、現在の救い、「我は実にこの念により現に救済されつつあるを感ず」(「他力の救済」)、現在、今、救われつつあるを感ずるということを強調して、「南無阿弥陀仏」の救い、他力の救いということは、現在にあるということを清沢先生は強調されました。

このことからすぐに、未来往生、すなわち死後往生を教義の中心にすえている浄土教として、現在の救いだけを言っていたのでは、未来のことはどうなるのだという、そういう問いが、当然出てくるわけです。

それで、曾我先生は、その問題を投げかけたのでした。その問題に清沢先生は、「精神主義と三世」という清沢先生流の解答を出しておられます。しかし、「精神主義と三世」という文章を読んで、曾我先生が出した問いに、必ずしも真っ向から応えているとは、私も思えません。

曾我先生は、問いが解消したわけではないと、疑問は残っているけれど、自分は、清沢の門下に入るという決断をなさったわけです。そして一生、つまり二十八歳で師と別れて、九十六歳で自分自身の寿命が尽きるまで、約七十年間、一生を曾我先生は、清沢満之からいただいた問いをいつもいつも憶念して歩まれたのです。

三

曾我先生は九十歳の頌寿記念の記念講演（一九六五年十月十六、十七日）で、「如来あっての信か　信あっての如来か」というテーマで、講演されました。九十歳の現役の学長の記念講演のテーマとは、まあ、普通では、とても考えられないようなテーマです。

そういう疑問形の問題を九十歳の現役の宗門大学の学長が、九十歳の記念講演にかかげて、延々と講義をされた。「如来あっての信か　信あっての如来か」、前席、後席の二席、二時間ずつの講義であったと思いますけれど、大谷大学の講堂は満堂でした。

木造の講堂で、三百人ぐらいは入ったでしょう。満堂の講堂で、そういうテーマのもとに講義をされた。それが、後に『我如来を信ずるが故に如来在《ま》す也』という題の本になっております。

講演録を出したいといって、伊東慧明《えみよう》先生が、テープを整理されて、曾我先生のところへ持っていかれたのですが、なかなか返してくださらない。しばらくしてから、この題は変えさせてもらいたいと言って、自分としては、こういうふうに落ち着いたといって、「我如来を信ずるが故に如来在ます也」という題で本になったというのです。

つまり、自分が信ずる信の中に如来がいるのだと、信ずることができるところに如来が、自分にとっては存在するのだというテーマに変えて、その講演録が世に出たわけです。

そして、学長を四年勤めた後、もう一度学長を受けられて、そして昭和四十二（一九六七）年八月、任期満了で学長を退任された。その一方で、宗門の学問的な最高の地位というか、当時の侍董寮《じとうりよう》という、宗派の学問的なことを決定する機関の長（侍董寮寮頭）という責任まで引き受けられていたのです（昭和三十四〈一九五九〉年)。

そこへ、差別問題を契機にした糾弾ということがもち上がったわけです。被差別部落の方々が、親鸞の教えは、皆平等のはずなのに、どうして本願寺の中にそういう差別があるのだということで、その時、曾我量深先生は、学問上の責任を取っておられる立場でしたから、曾我先生の発言にも指摘が向けられたのです。この宗門が開かれて欲しいという願いを述べられ、今の閉鎖的な宗門のままでは、近代の社会から忘れられる。自分たちも開かれて、本当に人々と、思想的な、信仰的な開けが出来ていかなければならない、ということを述べられた言葉の中に、被差別部落の方々を差別する表現があったのです。

それが講演録として、そのまま雑誌に載ったのです。普通の人は、そのことをほとんど見過ごしてしまって、それが、問題のある言葉だということすら、気づかずに過ごしてしまうほどに、差別体質に対する自己批判というものの、ほとんどなかった時代であったとも言えましょう。

その差別発言が指摘されて、曾我先生は糾弾を受けた。曾我先生は、その糾弾を受けたときに、本当に申し訳ない、自分にそういうことに対する深い自己批判がなかった。自分に機《き》の深信《じんしん》が足りなかったといって、自ら「異《こと》なるを歎《なげ》く」という表白《ひょうびゃく》を公開して、懺悔を表明されたのでしょう。自分自身が、本当に間違っていたと気がついて懺悔された。機の深信について散々考えたつもりでいたのに、自己の罪業性について見えていなかったことは、本当に申し訳なかった、と懺悔されたのです。

先生自身も、九十五歳というお歳ですから、さすがに体力を消耗して、その後、東京に来られたおり、どこかお寺のお座敷の縁側から落ちて、頭を怪我されたのだそうです。

先生は、翌年三月入院され、立ち上がることが出来なくなったと聞いております。

そういう形で、残念ながら、風雲急を告げる宗門の中に生まれ落ちて、そして、もまれにもまれて、世間的にいうなら、本当にひどい目に遭いながら、しかしそれを仏法の、自分自身が求道をなさる糧として、敢然として生き抜かれ、亡くなっていかれました。

それが、浩々洞の同人となられた曾我先生のご一生であったのです。ご自分でも、清沢先生が六月に亡くなられたのだから、私も六月に死ぬだろうというようなことを、予言めいておっしゃっていたのだそうですけれど、昭和四十六（一九七一）年六月二十日に亡くなっていかれた。

こういうことが、本当に昨日のことのように思い出されることです。

鈴木大拙師が、その五年前の昭和四十一（一九六六）年七月十二日に亡くなられた。そして曾我量深先生ご逝去の一九七一年という年は、いわゆる七〇年安保があけた年です。東京大学などでは、その前の年に終わっていたのかもしれませんけれど、大谷大学は、やや奥手なものですから、ちょうど七〇年が大変な年だったのです。

そして、その年があけ、大学に機動隊が入って、一応、いわゆる正常化という方向に向かったその次の年、その年に、私は、助手から講師になったものですから、助手時代の、紛争学生からつばを吐きかけられたような日々が終わったということで、忘れることのできない年です。その六月二十日に先生が亡くなられ、二十二日にご自宅で葬儀が行われたことも、忘れ難く思い出されます。亡くなられた時、曾我先生は九十六歳、その五年前に亡くなった大拙さんは、明治三年のお生まれで、これが九十六歳、そして曾我先生から五年後、七六年の十月二十日に金子大榮《だいえい》先生も、また九十六歳という歳で亡くなられました。

明治の三大偉人というか、仏教界を担った三人の仏者・思想家が、次々と十年の間に亡くなられたということが、その時にあったわけでございます。

清沢先生は、晩年、「臘扇《ろうせん》」と号されていて、それを記念して、清沢先生のご法事を勤めるときは、「臘扇忌」と申しております。曾我先生は、五十歳を過ぎて、東洋大学の教授から、真宗大谷大学の教授に移られて、大正十五（一九二六）年、五十一歳で、京都にお住まいが出来たときに、京都在住の哲学や宗教を専門にしておられる先生方が、曾我先生の仏法を聞くという趣旨で、「仏座の会」というものを作られた。その後、その会を「鸞音会《らんのんかい》」と名づけられ、そして自分の住んでおられる場所を「鸞音舎」と名づけられました。そういうことで、曾我先生の法事を勤める場合に、「鸞音忌」と申しております。

このようなことで、「臘扇忌」、「鸞音忌」というご法事が、ちょうど六月に重なって勤められているわけであります。

三　親鸞思想の独自性

浄土真宗における祈りの問題

一

二〇〇二年も、暮れようとしておりますが、毎日新聞（「宗教の原点」祈りを公認」、十二月十日朝刊）に西本願寺（浄土真宗本願寺派）の教学研究所の大峯顕《おおみねあきら》所長の談話として、「祈り」ということを認めるという公式見解を出したことが出ておりました。

浄土真宗の信心について「本願他力をたのむ」と言い、『歎異抄《たんにしょう》』に「弥陀をたのむ」という言葉があり、蓮如上人（一四一五〜一四九九）の『御文《おふみ》』に「弥陀をたのめ」と言われます。「たのむ」という日本語で、南無ということ、帰命ということを教えられているわけです。

その「たのむ」という言葉の中に、人間の側から、阿弥陀如来さまどうかお願いしますという、そういう心、こちらから如来に対して、人間の側からのたのみ心と、そういう心があってよいものかどうか。つまり、本当の他力の信心ということになると、人間の力とか、人間の意欲とか、人間の思いとかを如来の側にたのむという、そういうたのみ方があるということは、自力ではないかという問題があります。

「南無阿弥陀仏」をいただくということは、如来が衆生に対して、ただ「南無阿弥陀仏」と、そのこと一つで如来の救いを全部与えるという誓いです。如来の願っている一切衆生の平等の救いというものをすべて与えるから信ぜよと、こういう弘誓《ぐぜい》（弘《ひろ》い誓い）が、「南無阿弥陀仏」の中に、本願の一切を込めて我われに与えられている。我われは、それをいただけばよいと。

蓮如上人は、「南無阿弥陀仏」は、「われら一切衆生の、平等にたすかりつるすがた」（『御文』）である。もう、南無阿弥陀仏の中に、摂《おさ》め取《と》って捨てないという如来の願いが入っているのだから、そのことを信じて、「南無阿弥陀仏」

と念ずれば、そこに一切の功徳を与えようと誓われていると言われています。

ご和讃でも、

一切の功徳にすぐれたる　南無阿弥陀仏をとなうれば
三世の重障《じゅうしょう》みなながら　かならず転じて軽微《きょうみ》なり
（『現世利益和讃』）

「一切の功徳にすぐれたる　南無阿弥陀仏をとなうれば」と、こう和讃されていますけれど、すべての功徳を南無阿弥陀仏に込めて与えてくださるのだから、こちらからは、何ひとつ加えることはないというのが、蓮如上人のお心です。

そして、一方で、南無というのは、帰命だと。帰命というのは、弥陀をたのめということだと、蓮如上人はおっしゃる。

そこに、「たのむ」という心なくして、ただ口先で称えたのではたすからないぞ。ただ口先で、「ナンマンダブツ」と発音したからたすかるわけではないぞと。

「阿弥陀如来さま、一切をおまかせします、たのみます」という、こちらの心が、如来の前に、南無という行為を起こす。だから、南無ということが肝要だというのです。

何をたのむのかというときに、蓮如上人は、「後生《ごしょう》の一大事」を心にかけてたのめと。たのむ内容については、後生ということをおっしゃるわけです。ともかく「たのむ」ということがある。

これについて、古来、どうしてもその「たのむ」という意欲の中に、やはり人間が本当に如来をたのむのか、たのまないのかという決断がかかって、本当に弥陀をたのむという、そこに信心、回心があり、本当に如来を信ずることなくして、ただナンマンダブツではたすからんぞといわれる。

そうすると、「たのむ」というところに、人間の側の意欲というものが、必要になるというか、要求されているのだというふうに理解される。「弥陀をたのめ」というのだから、お願いしますとたのむという、人間の側の意欲をぜひとも必要とするのだという考え方がありうる。それに対し、それすら要らない、もう、ともかくそういう分別を捨てて、ただ、素直にお念仏をすればよい。お念仏をすれば、もう如来の功徳がくるのだ。こっちから要求する必要はないのだという考えもありうる。そういうところに、請求《しょうぐ》派と、そのまま信ずるという信順《しんじゅん》派と、二つの大きな信仰理解の流れがあって、これが江戸時代になって、教学論争をして、収まりがつかなくなったのです。

これが、西本願寺の教学において、非常に大きな理解の割れとなり、異安心《いあんじん》論争ということが起こった。どちらが異安心かということを、お互いに自己弁護して相手を責めるという、そういう論争が続いて、本願寺当局としても、当局といっても、官僚が決めるわけにいきませんし、学者を呼んできてやれば、二つに割れて論争するし、決めようがなかったようです。

江戸時代、二百七十年の間、この東西本願寺に分かれてから、特に、西本願寺でその問題が顕著な論争になって、どうしても収まりがつかない。

それで本願寺当局としては、この問題に関わることを止めておこうとしたわけです。つまり、「至心信楽欲生《ししんしんぎょうよくしょう》」という如来の三心について、「至心信楽欲生」という本願、第十八願にあるお言葉、「心を至し信楽して我が国に生まれんと欲《おも》うて」という、そのお言葉の解釈について、「欲生」ということは、「生まれんと欲え」という如来からの呼びかけに、「はい、わかりました、浄土に生まれたいと思いましょう、浄土に生まれさせてください」と、こういうふうにこちらの意欲を動かすか、動かさないかということになると、どうしても意見が割れるから、その問題については触れないという形で妥協して、西本願寺は一応体面を保ってきた。

だから、「至心信楽」までは解釈する。しかし欲生には触れないという。至心信楽は、「至心は真実心」だと、こう言われていますから、如来の真心である。如来の真心を、南無阿弥陀仏の中に、我われはいただくと。

それから、「信楽」は、そのまま、自分の解釈やら、我執やらを捨てて、如来にそのまま、如来のお言葉を信ずるという。

「欲生」というところに、生まれんと欲えとあるから、浄土に生まれたいと欲えというのだから、それでは、生まれさせてください、お願いしますと。蓮如上人の言葉で言えば、「後生の一大事」をお願いしますと、こうたのむのか、たのまないのかということになるのです。

その人間の側の意欲を残すのか、残さないのかという問題は、伏せてしまって、そこは触れない。ただ、「ナンマンダブツ、有り難い、ありがたい」と、至心信楽で止めておくということが、江戸時代の教学であったのです。

二

東本願寺でも、同じように、その問題は危険だから触れようとしなかったのです。特別に異安心論争が起こったわけではないのですけれども、西本願寺の本山を中心に、宗派をあげての争いになっていましたから、これには触れないでおこうということで、当然、東本願寺のご講師方も、その問題については積極的には触れないでいたのです。

幸か不幸か、東本願寺では、これに関しての異安心問題は起こらなかったのですけれど、別の異安心問題として、能登の頓成《とんじよう》（一七九五〜一八八七）という人が起こした、「機の深信」は自力か他力かという問題がありました。

つまり「「自身は現にこれ罪悪生死の凡夫、曠劫《こうごう》より已来《このかた》、常に没し常に流転して、出離《しゆつり》の縁あることなし」と信ず」という、自分も少しは立派なものだと信ずるのではなくて、自分は本当にたすからない身だと、本当に信ずるということう。

この機の深信は「自利の信心」だということが『愚禿鈔《ぐとくしよう》』に書いてある。自利というのは、自力だと親鸞は別の箇所で註釈します。特に、三心について、「自利の三心」「自利各別の心」という言い方をされますし、「自力の三心」（『浄土和讃』）という言い方もされています。だから、自利、すなわち自力、だから機の深信が自利と書いてあるのならば、それは自力だといって、能登の頓成という方が、「機の深信は自力である」ということを主張された。

自分は罪人である、本当にたすからない身であるということを、本当にわかるまでは、自分の力でわかっていく。自分の力で本当にわかったら、そういう身をお願いしますと、つまり、「法の深信」によって、如来にたすけていただこうという心が起こるのだと。

『歎異抄』で言えば、「とても地獄は一定《いちじょう》すみかぞかし」と、もう自分は、たすからない身であるということがはっきりしたから、南無阿弥陀仏ひとつにおまかせするのだと。だから、そこまでわかるのは自分の努力だと。機の深信は自力だということで、能登の頓成が、強く布教して、そういう勢いが強くなったのです。

それで東本願寺としては、「機の深信」も「法の深信」もどちらも信心の内容である。信心は、利他の信心、つまり他力の信心なのであり、如来回向の信心なのだから、「機の深信」も他力だと、本願寺の教学としては、そういうことであった。その問題が幕末まで続き、明治になっても解決はつかなかったのです。

東本願寺では、こういう異安心問題が大きかったのですが、西本願寺では、今申しました、「欲生心」のことについて、三業惑乱《さんごうわくらん》といいまして、自分で浄土へ生まれたいとお願いする心を起こすのか、起こさないのかという、そういう大変デリケートな問題が底流にあったわけです。

南無阿弥陀仏と称えるについて、どうかたすけてくださいという思いをもって称えるのか、もう、それすら忘れて、ただ南無阿弥陀仏と素直に称えるのかという。これはどちらが純粋かということになると、なかなかやっかいな問題で、教義学的には決められない。

そういうことで、西本願寺は苦労した。だから、念仏を称えるときに、人間心がなるべくなくなったほうがよい、ただ素直に「有り難い、ありがたい、ナンマンダブツ」と、御恩報謝のお念仏だという、そういうことで来たわけです。

ところが、このたび西本願寺の教学研究所の大峯顕所長が、氏は大阪大学の名誉教授で宗教哲学専門の方ですが、これに切り込まれたわけです。

とにかく、祈りというものは、宗教にとって本質的である。祈りを否定したのでは宗教が成り立たない。だから、これからは祈りを認める、という見解を出したということで、毎日新聞の新聞紙上の小さい欄で、その問題を取り上げていました。

祈りということは、親鸞ご自身が御消息の中で、「念仏をふかくたのみて、世のいのりにこころいれて、もうしあわせたまうべしとぞおぼえそうろう」(『御消息集』〈広本〉)と、「世のいのり」とあり、また、「朝家《ちようか》の御《おん》ため国民のために、念仏をもうしあわせたまいそうらわば、めでとうそうろうべし」、と記され、さらに、「世のなか安穏《あんのん》なれ、仏法ひろまれと、おぼしめすべし」という言葉があります。

親鸞の御消息の中のたったひとつのこの言葉を、教団は、戦前、南無阿弥陀仏の信心をもったものも、国家社会に尽くして、天皇陛下のために死んでいくという文脈につなげて読んだ。親鸞も「朝家の御ため」、すなわち、朝家、つまり天皇家のためにという言葉を言っていると、この一言を免罪符にして、国家総動員体制に協力する手がかりにしてきた歴史があります。

最近は、その文についてては、ほとんど触れませんけれど、戦前は、大流行でした。御消息の中に一句、「世のいのり」ということを、親鸞は、一回だけ言われている。

けれど、教義学としては、今申したように、「いのり」ということは、人間からの心ということが普通の意味ですから、いのりという要素を加えて信心が純粋になるのではない。純粋な信心は、もう南無阿弥陀仏を信ぜよという、如来の願いをいただけばよい。

その如来の願いをいただくということが、「たのむ」という意味なのだと。だから「たのむ」というのは、依頼するという意味ではない。依頼するという意味ではなくて、如来の願いを自分の依り処とします。我われが大地に立って立ち上がるように、如来の願いを自分の命の拠点として、そこに立って生きますと。そういう意味で、つまり、如来の大悲が自分自身を支える大いなるはたらきである、そういうふうに信ずることが「たのむ」ということであって、あらためて何かをこっちからお願いしますという意味の依頼心ではない。そういうことが、江戸時代の正統を任ずる教義学の主張のいうところなのでしょう。

三

もし、それが他力の信心だというのなら、それに人間の「祈り」を加えるということは、どういうことになるのか。

これは、だから信仰問題として、他力と自力の境目の大変デリケートな問題について、厳密な議論がなされないで、一般的に祈りというのは宗教の本質だという、いわゆるreligionを宗教と翻訳して、つまり神と人間との関わりであるとする、そういう宗教で言われうることでしょう。

つまり、一神教的宗教の、宗教一般の形からすれば、人間が神に祈るという意味で言えば、「祈り」ということは、一神教的宗教にとっては、絶対必要な人間の心ということになります。

それが宗教一般だといって、仏教にとっても、それが絶対必要だと、どうして言えるかということが吟味されていない。つまり、そう簡単に、祈りを認めるということを、言ってよいのかと思うのです。

宗教が祈りを必要とするから、それが必要だということであれば、浄土真宗が浄土真宗としての存在意味を失うことになるのではないかという問題がそこにあるのです。

ですから、南無阿弥陀仏に祈りを加えるということはどういう意味なのかということは、大問題であるわけです。江戸時代に解決がつかなかったようなことの厳密な吟味が、再度求められるのです。

そういう意味で、これは、「他力の信心」というものが、一神教的信仰に換《かん》骨奪胎《こつだつたい》されるかどうか、という危機ですらありうる。

南無阿弥陀仏は、阿弥陀仏を立ててたのむという、方便の法身《ほっしん》である阿弥陀如来を立ててたのむという形を取るけれど、それは、南無阿弥陀仏として現れてくださる、一如宝海からの本願のはたらきを南無阿弥陀仏と信ずるのであって、南無阿弥陀仏の中に、南無と阿弥陀仏という構造があるけれど、南無の他に、阿弥陀仏を外に出して、それに自分が祈りを加えるということであったら、南無阿弥陀仏は、要らなくなってしまいます。

もしそうであれば、「阿弥陀如来さま、阿弥陀如来さま」と言えばよいわけです。南無の中に祈りが入っている、だから我われから祈りを加える必要がないというのが、本来の教義学の筋なはずなのです。

けれども、曽我量深先生は、「欲生心」について思索されて、如来が「我が国に生まれんと欲え」と呼びかける、これはなぜかといえば、この世では、人間はたすからない、この世の命を、自分の関心の中で、煩悩の命として、我われは生きている。

どれだけ、人類のためとか、何とか言っても、人間関心を離れることはできない、先ず自分が大事、自分の家庭、自分の地域、自分の国、なにしろ距離感が自分中心になっていますから、自分から遠いところはどうでもいいというか。まあ、アメリカ人にすれば、アフガンのことは本当は分からない、そういう距離感を抱いて、人間は、自分の正義感をつくっていますから、遠いところは、まあ、どうでもよいと。近いところが自分の愛する場所だという。こういう人間、そういう人間の生きている場所には、本当の平和はない。本当の救いはないというのが仏教の見方で、人間が煩悩をもって生きている限りは、どれだけ良い国をつくっても、煩悩で汚していくのです。

だから、煩悩の無い国をつくろう、煩悩が生み出す、地獄・餓鬼・畜生の、そういう修羅場の無い国をつくろうというのが、法蔵菩薩の願いです。その法蔵菩薩の願いのはたらく場所、それを国として、安楽国として、如来の国として、荘厳する。如来の国として相《かたち》をつくる。その国に、一切衆生を摂して、一如平等の救いを与えようというのが、この浄土の教えの形です。我われが、この世で人間をそっちのけにして、良い構造をつくる、良い社会をつくる、良い社会体制をつくる。そういうことを幾らしても、人間は、決して解放されない。

そこに、浄土という国を依り処にして、人間が本当に解放される道に生きていくことができる。それが、南無阿弥陀仏の教えが、浄土を建立して、そこに救いを与えようという意味であろうと、私はいただいております。ですから、「欲生我国」と、我が国に生まれんと欲《おも》えという契機を抜いたら、人間の救いというものは、ありえない。

ただ、無我になって南無阿弥陀仏を信ぜよと言っても、それは無内容です。南無阿弥陀仏を信じたらどうなるのか、どういう功徳がいただけるのか、どういう利益によって人間がたすかるのかということが、無内容になるのです。ただ素直に信じて南無阿弥陀仏でたすかるのだといっておいて、それで欲生という心をもったら自力だというと、結局、死んだら浄土だというふうにせざるをえない。

だから、欲生を抜いたら、『観無量寿経』、『阿弥陀経』で教えられている、死んだら浄土ということを付けないと浄土教にならない。「至心信楽」で止まってしまって、救いを言おうとすると、「至心信楽」で南無阿弥陀仏を称えて、死んだら浄土、ということになる。

死んだら浄土ということは、第十八願のどこにもないわけです。それは教義学で付けただけなので、「本願成就の文」にもなく、三輩段《さんぱいだん》（親鸞が第十九願成就の文と押える文）にあるのです。だから、そういう意味で大問題であるわけです。

今までの浄土真宗の布教にあって、わかり易い教えのように説いていた、つまり、蓮如上人が「後生の一大事」と言ったのを、文字通り死んだら浄土という形で教えてきた。

これに対して、本当に主体的な救いというものは、どういうものであるかということを投げかけたのが、清沢満之先生です。

清沢先生は、死んでからのことはまだわからない。自分は死んでから先のことはわからないけれど、他力の教えによって、今救われつつあるを感ずると。現に、今、摂取不捨の利益をいただいて、今、如来のはたらきを感じ取って、ここにたすかっている。今、ここに救済されつつあるということをおっしゃったのです。

四

だから、その流れを受けて、曾我先生は、「欲生心」というものは、如来の呼びかけである。如来が衆生に呼びかけているとおっしゃった。

我執が深く、罪が深い我われは、本当に如来にまかせようとはしない。なんとか自分でやっていこうという自力の心が抜けない。そういう人間に、それではたすからないのだから、本当に、自分を信じて欲しい。自分の純粋な心を信じて欲しいと呼びかける、如来の呼びかけ、如来の勅命、その「如来の勅命が欲生心だ」とおっしゃる。そこには、親鸞の「『欲生』と言うは、すなわちこれ如来、諸有《しょう》の群生《ぐんじょう》を招喚したまうの勅命なり」という言葉が受けとめられている。

「欲生心」ということは、だから、たすからない衆生をたすけたいという「如来の祈り」なのだ。如来が、祈るというのは、可能だから祈るのではない。不可能であっても祈らずにおれないというのが、祈りだと。

そういう祈りを、如来が衆生にかけ続ける。だから、「欲生心というのは、如来の祈りだ」と、曾我先生はおっしゃったのです。

欲生心が要らないのでは、浄土の信仰にならない。欲生心において、信心が本当に南無阿弥陀仏の信心となる、それを蓮如上人は、「後生の一大事をたのめ」と、そういうふうに教えられたのです。

つまり、この世ではたすからない、だから、もう一つの国を法蔵菩薩が建立するという、それは教えの形です。教えの形だけれど、それを死んだ後の世界にしてしまうということは、不純粋な信仰であって、自力の信仰である。

純粋な如来の世界は、死のうと生きようと、人間の世界ではないのだ、如来の世界なのだということを教えるわけです。その如来の世界からの呼びかけが、欲生心である。

そういうことを曾我先生は、ずうっと考えて来られた。欲生心を担《にな》うものは、法蔵菩薩だと、こういうこともおっしゃっている。

その一連の思索の中で、「機の深信」は「法蔵菩薩の自覚」だということもおっしゃるわけです。これは、なかなか難しい問題です。

そういうわけで、大谷派では、祈りという言葉を曾我先生が積極的にお使いになって、人間の祈りは不純粋だと、どれだけ世のため、人のためといい、あるいは自分の子どものためといい、自分の愛する人のためといっても、自分の都合がかかっている。自分の都合抜きには、そういう祈りも起こらない。

やはり、自分の愛するものにはかかるけれど、関係のない人にはかからない。そういう自我中心の距離感のところで、自分の祈りというものがどれだけ純粋なようであっても、我執がついているわけです。自我愛がついている。

だから、自我愛のついた祈りというものを、必要とする信仰ならば、他力の信心とは言えない。しかし、これを、すっぱり切ったら人間からは、近づきようがない。人間は、自力であり、自我心であり、自分中心の、そういう距離感をもって生きていますから、それを止めろといったら、人間を止めるしかないのです。

そこに親鸞は、「方便化身土《ほうべんけしんど》」というものをおかれた。方便化身土、つまり、人間は、愚かであり、本当に自分の問題というものが見えない。そういう形で生きている人間に少しずつ、少しずつ、自覚させて、純粋なる如来の願いに帰していく歩みを教えてくださった。これが、「方便化身土」の問題です。

だから、はじめから全面的に祈りを止めろと言われたら、人間は、もう宗教に触れてみようがない。それは確かでしょう。しかし、祈りをもっていなければ他力の信心が成り立たないと言ったとすると、それは、どういう意味の祈りなのかという吟味が必要だと思うのです。

これはやっかいです。如来の祈り、曾我先生が「如来の祈り」という言葉でおっしゃる。それは、人間心ではない。人間が、ある意味でそれを感じ取る。人間は、「如来の祈り」を受身形で感じ取る能力が与えられている。

自分から起こす、自分で如来の祈りを起こすことはできない。例えば、如来が十方衆生に、法蔵菩薩が十方衆生に、平等に呼びかけるというけれど、我われは、自分に近いところ、自分の知った人については、愛情がかけられるけれど、知らない人間にかけろ、遠い人間にかけろと、幾ら言われても、それは人間にはできない。

つまり、無関係なものや自分の嫌いなものを愛することはできない。そういうものが人間ですから、愚かな凡夫です。愚かな凡夫が、如来の心を起こすことはできない。しかし、如来の心が、救われない衆生をたすけたいという、そういうふうに誓うのだということは、我われは感ずることはできるのです。「ああ、本当は、そうだな、そうあるべきだな」と。そういう心がないならば、自分のようなものは、落ちこぼれだからたすかるはずがない。親鸞がおっしゃるように、「弥陀の五劫思惟《ごこうしゆい》の願《がん》をよくよく案ずれば、ひとえに親鸞一人《いちにん》がためなりけり」(『歎異抄』)、つまり、私のような心の暗い、罪の深い人間のために如来は本願を発してくださっているのだ。五劫に思惟してくださっているのだと、こういうふうに頷《うなず》く。如来の本願を自分が起こすのでなくて、如来の本願によってたすけられる自分を感ずる。

だから、如来の祈りと無関係ではない。如来の祈りを、愚かな身だけれど、それを感ずることができる。そういうところに「他力の信心」ということの文意がある。自分が法蔵願心を起こすとか、自分が法蔵願心のようなことをするとか、そういうことは、できるはずがない。

それでは、如来の祈りと無関係かというと、そうではない。如来の祈りを感じないのなら、人間はたすからない。そういう意味で、この欲生心は、如来の勅命だと。それに我われが触れることができるということは、この愚かな身だという「機の深信」の自覚である。機の深信、本当に救われない身だという自覚は、人間が反省してもそこまでは行けない。人間が反省したのでは、絶望になってしまうのです。

機の深信は絶望だという解釈もあるのです。だけど、絶望なのではない。機の深信は智慧なのだ。本当にたすからない身だということは、如来の眼がご覧になった衆生の実相だという意味で、「機の深信は、法蔵菩薩の因位《いんに》の自覚だ」というのが、曾我先生の教えです。そこに、「如来の悲しみ」ということをおっしゃるわけです。「悲願」というのは、如来の深い悲しみなのだと。

人間がたすからない身だということを悲しむ。本当に悲しむことが出来るのは、如来のみである。人間は、悲しむといっても、ほどほどである。本当には、悲しまない。そういうふうに曾我先生は教えてくださる。

悲しい、悲しいというけれど、そのうち忘れてしまう。傷ついたときは深く悲しむけれど、三日もすれば忘れてしまう。そういうのが人間である。ところが、如来は、その悲しみを永遠に耐え続ける。悲しみ続けてくださる。たすからない身を可哀そうだと、いつもいつも念じてくださる。

そういう如来の悲しみ、その如来の悲しみが、「機の深信」なのだ。このように曾我先生は明らかにしてくださったわけです。そういうことと、欲生心というのは、如来が衆生に生まれんと欲え、本当の世界を要求せよと、こう呼び続ける。呼び続けるけれど我われは、ああ、そうですかと思えないのです。『歎異抄』の第九条に、「念仏もうしそうらえども、踊躍歓喜《ゆやくかんぎ》のこころおろそかにそうろうこと、またいそぎ浄土へまいりたきこころのそうらわぬは、いかにとそうろうべきことにてそうろうやらん」（『聖典』六二九頁）とありますように、いくら良い世界がありますよと言われても、我われは、この苦悩の旧里は捨てがたい、この煩悩の世界に愛着がある。煩悩の世界だけで何とかしようとする。本当は、やろうとしても、煩悩の世界の中というものは、解決なしなのです。解決できない問題が必ずある。どこかで、降参するしかないのです。それをどこまでも、どこまでも、執念深く、何とかしよう、何とかしようというのが、自力です。

その自力の形の中に、祈りがある。こうなって欲しい、ああなって欲しいという祈りがある。だから祈りという概念が広いのですから、仏教の用語にする場合には、ある意味で一般的な祈りを純粋な意味に定義し直さなければいけない。

そういう問題があるのではないかなということを、この度の毎日新聞の記事を手がかりに思って、少しく考えさせていただきました。

浄土真宗の神《たましい》に立ち帰る

親鸞が、『正信偈』にも取り上げておられますけれど、「是人名分陀利華《ぜにんみようふんだりけ》（この人を分陀利華と名づく）」という言葉がありますが、その分陀利華ということは、『観無量寿経』という経典で、「もし念仏する者は、当《まさ》に知るべし、この人はこれ人中《にんちゆう》の分陀利華なり」と、念仏者、念仏するひとは、この人は人中の分陀利華であると、こういうふうにほめています。

その分陀利華とほめるということを、善導大師が、大変喜ばれて、念仏のひとは分陀利華と、「華」（蓮華のこと）に譬えられる。それは、大変勝れた華、「希有華《けうけ》」であるし、「人中の上上華《じょうじょうけ》」であるし、「蔡華《さいけ》」であると、そして「妙好華《みょうこうけ》」、妙なる華であるというふうに、言葉を幾つか繰り返して、その分陀利華という意味を確認されて、そして、もう一度その華について、それは、人に譬えて、人中の「好人《こうにん》」であり、「妙好人《みょうこうにん》」であり、「上上人《じょうじょうにん》」であり、「希有人《けうにん》」であり、「最勝人《さいしょうにん》」であるといわれます。

念仏の人は、華であるような人ということで、「妙好華」であるし、「上上華」であるし、そして「妙好人」であるし、「上上人」であるし、全部に人という字を加え直してその言葉を書きとめておられます。親鸞が、そのことを『正信偈』に取り上げられて、念仏の人は、分陀利華であると詠われています。

そして、この言葉は「獲信見敬大慶喜《ぎゃくしんけんきょうだいきょうき》」から始まっている大事な段に置かれている言葉なのです。「獲信見敬大慶喜」というのは、「法を聞きて能《よ》く忘れず、見て敬《うやま》い得て大きに慶《よろこ》べば、すなわち我が善き親友《しんぬ》なり」と、『大無量寿経』で、お釈迦さまが法を見よということをおっしゃっている、『東方《とうぼう》偈《げ》』という偈文の中に出てくる言葉なのですけれど、それを親鸞が、『正信偈』に取り上げられるについて、何度か言いなおされて、「獲信見敬大慶人」と書いておられ、また「獲信見敬得大慶」とも書かれるのです。信を獲て、見て敬う、見て敬うというその見るは、法を見るということなのでしょうけれど、獲て大いに慶ぶと。

本当に慶ぶ、これは、『大無量寿経』で言えば、「聞《もん》其《ご》名号《みょうごう》　信心《しんじん》歓《かん》喜《ぎ》（その名号を聞きて、信心歓喜せん）」と、本当に歓喜する。歓喜ということを親鸞は、「「歓喜」というは、「歓」は、みをよろこばしむるなり。「喜」は、こころによろこばしむるなり。うべきことをえてんずと、かねてさきよりよろこぶこころなり」（『一念多念文意』）と述べています。「喜」は慶喜という意味をもっていて、うべきことを獲たりと慶ぶ、その時に、「歓」には、身という字を加えて、喜ぶ身となると、こう書いておられるのです。

信心を獲るということにおいて、この身を慶び、本当に歓喜する。なぜ、そのように慶べるかというときに、「獲信見敬得大慶　即横超截五悪趣《そくおうちょうぜつごあくしゅ》」（『尊号真像銘文』）と、こうあります。

五悪趣を超截する。五悪趣というものを、横超截五悪趣と、「横さまに超える」と、「横さまに截《た》つ」と書かれています。

横超とか、横截と、そういうことで、五悪趣を超えると書いていますが、五悪趣というのは、また六道ともいわれる、六道流転で、これは情況に流される命ということです。情況に流されて、繰り返し、繰り返し、迷いの命を生きて行く。

それは神話的にいえば、魂というものが、いろいろな命をとって、牛の命となったり、馬の命の形をとったり、あるいはゴキブリの命となったり、人間の命となったりするけれど、これでよいということがない。ごろごろと、転がされるようにして、幾らでも迷いながら生きて行くという。そういう示しのつかないような迷いの命、これを本当に破るというのが、仏法であるというのです。

だから、仏法の大切さを親鸞は、いつも、「大涅槃《だいねはん》」とか、「滅度《めつど》」という言葉で押さえられて、一遍この命が、この命としては終わるような、断截《だんぜつ》を潜るのだ、といわれるのです。それを臨終という言い方もしますけれど、臨終で身が死んだといっても流転は変わらないのです、そういう死に方ではなくて、流転の命を断つような命の終わり方ということをいうのです。

こういう死を潜って初めて、仏法を慶べる。こういう点で、親鸞は、浄土真宗は仏法である、仏法というからには、単に、この世の価値、この世の苦しみが無くなるという意味ではない、流転の命が無くなるということであると厳しく言うのです。

繰り返し、繰り返し生きるような命の根本の苦悩が超えられるということが、仏法の歓びであると、こういうことを大切に押さえられるのです。

それを忘れて、何か、この命が終わったら浄土だというような、だらしのない教えになっているのは、親鸞がおっしゃる浄土真宗の、本当の意味ではないのです。

この命が終わって浄土へ往っても、流転をそのまま引きずっていったら、それでは浄土がかえって汚れてしまう。本当に浄土へ往くということは、流転が超えられるという意味をもって、初めて、浄土の命となるということなのです。

そういうことで、「即横超截五悪趣」と、六道流転の命が本当に断たれるのだと。「信巻」の中に、「横超断四流《しる》」釈というものを親鸞は置かれて、信心において、この迷いの命が断たれるのだと釈されます。

このことの意味が大事だとおもうのです。我われは、迷っていて、念仏してもどうせ愚かな凡夫だと、死ななければ浄土へは往けない。そういうふうに命を考えてしまうことは、仏法ではない。

仏法というものは、この煩悩の命が、「不断煩悩得涅槃」と、この迷いの命を断たずして浄土の功徳にあずかる。繰り返し親鸞が言われる「現生正定聚」、それは迷っている命と矛盾せずに如来の本願の救いがくる。そのことを本当に生きるということが、正定聚であるとおっしゃる。

そのことが、覚悟として本当にはっきりしないものだから、浄土真宗がだらしない浄土真宗になっているわけです。浄土真宗というものは、凡夫であることをやめてから、仏さまに成るのではない。凡夫であるままに、如来の本願の救いをいただく、それが正定聚ということです。

そこに立って、この煩悩の命を喜んで生きていけるのだという。そういうかたじけない教えですから、「獲信見敬得大慶　即横超截五悪趣」（『尊号真像銘文』）と詠われる。

『観無量寿経』の終わりのところに「是人中分陀利華」という言葉が出て来るわけです。それを善導大師は、『観経疏』「散善義」の中で、「名人中妙好華」と、「若念仏者、即是人中好人、人中妙好人（若《も》し念仏の者は、即ちこれ人中の好人なり、人中の妙好人なり）」といって、妙好華が、妙好人《みょうこうにん》であると言われるのです。

妙好人という言葉が、江戸時代以降、何か、特別な人をいうような、普通の生活ではないような、特別な生活ができる人の名前になってしまって、門徒の名前ではなくなって、門徒の中で、独自の、ちょっと一風変わったことのできる人というか、妙好人という言葉が、何か宙に浮いたようになってしまったのですけれど、本当は、念仏者は、みんな妙好人であるのです。本当に本願を信ずるなら、みんな妙好人であるというのが、もともとの意味であるということです。

「是人中分陀利華」という言葉は、「獲信見敬大慶喜」との連絡の中で、「是人中分陀利華」ですから、信心を獲るなら、妙好人であると、こう押さえてくださっていて、どのような愚かな凡夫であろうと、どのようにつらい人生であろうと、そこに本願の光というものをいただくならば、一念、一念が、「信の一念」ということがありまして、「南無阿弥陀仏」と念ずる、その一念のひとときに、分陀利華の華が咲く。

つまりそこに、妙好人の意味が与えられる。「すなわち我が善き親友なり」と、お釈迦さまが言ってくださる。単に、ぞろぞろ従っていく仏弟子ではなくて、本当に敬ってくださる、お釈迦さまが「我が善き友よ」と、敬ってくださるような存在の意味を獲得できる。そういうことを親鸞が教えてくださっている。

ですから、我われは、信心を得たら、妙好人であるということです。妙好人として生きるという覚悟は、江戸時代の妙好人という意味ではなくて、本当に尊い華という意味をいただくのだというのです。

この命は、つまらない命だと、俺の命は、どうも華の咲かない命だと感じているのが、我われ凡夫ですけれど、華が咲かないどころではないのであって、我われの命は、白蓮華なのだと。本当に泥田の中に華が咲くという意味をたまわるのだということをおっしゃって、そして、関東の門弟に親鸞は、繰り返し、繰り返し、あなた方は、本願を信ずるなら、本願の念仏者として、念仏の行者は、分陀利華であると。そして、「弥勒《みろく》と等しい」「弥勒菩薩と同じ」なのだとほめておられるのです。

弥勒菩薩は、五十六億七千万年待って、一切衆生と共に往生しよう、成仏しようという、そういう大悲願をもっている方ですから、我われのような愚かなちっぽけなものが、弥勒と等しいなどと、普通に言ったら、妄念妄想でしかないわけです。

そういう意味を、親鸞は、一人ひとりの、狩猟をしたり魚を捕って生きているような、そういう人々、毎日を生活するために命を取ったりしながら生きている人々も、みんな御同朋《おんどうぼう》・御同行《おんどうぎょう》だと、それは、お釈迦さまの友だちなのだと、弥勒と等しいのだと、弥勒菩薩と同じ意味なのだと仰いでおられるのです。

そして最後は、「如来と等しい」とまでおっしゃってくださって、我われの命は、どうでもよい命ではない、本当に尊い命なのだということを、自覚して、念仏者として生きて欲しいということをおっしゃっている。

そういう尊い教えに呼びかけられていることを、現代の浄土真宗を生きる我われが、どこかで、失ってしまっているのではないか。『大経』に「神《たましい》を開き体《み》を悦《よろこ》ばしむ」という言葉があるのですが、大事な浄土真宗の神《たましい》を、我われ一人ひとりが、本当に回復しなければ、浄土真宗の再興ということはないのです。

一念、一念に、「信の一念」をしっかりいただいていかなければいけないというようなことを思うことです。本願の念仏、一声、一声に、南無阿弥陀仏の一念に、そういう意味が与えられてあるということを、親鸞がおっしゃっているわけですから、南無阿弥陀仏のところに、華が咲くと、本当に白蓮華が咲いてくださっているのだということを、感じながら生きていかなければいけないと思うことであります。

浄土真宗における超越性

一

親鸞仏教センターとしては、現代と向き合って、現代に浄土真宗を発信していきたいと念じているのですが、何か、現代という時代がわからないというか、こちらから発信することが、のれんに腕押しというか、ぬかに釘というか、どうも手応えがない感じがしています。

その原因は、もう何十年も前に、西谷啓治《にしたにけいじ》先生が、「現代に仏教がない、仏教に現代がない」という言い方で、相互に触れ合う手がないのだというような問題提起をなさったことを思い出します。

現代に仏教がない、あるいは現代に宗教がないということは、どういうことかということを思いますと、一言でいえば、現代の科学文明、あるいは科学的発想というものには、超越性がないということだろうと思うのです。

現代という時代においては、この世のこと全部が、この世のことで計算できるというか、人間の理性で思い当てていくことができるといいますか、今のところわからなくても、たとえ、今は人間にとって、手が届かなくとも、必ずや、計算していけるというか、そういうものを信頼している。

つまり、コンピューターが発達して、人間の何億倍もの速さで計算ができるし、また、遺伝子というような大変微細な、人間の目ではとても見ることができないような小さなものも、構造を分析することができるという時代になってみると、本当に、人間の感覚ではとても見えないところまで、科学技術ないし、計算技術で届くことができるようになった。望遠鏡で見ることが出来ないような所でも、電波望遠鏡とか人工衛星とか宇宙望遠鏡など、そういう技術を使って、本当に遥か彼方まで情況を摑むことができるようになった。

そういうようなことで、何でも人間の手が届くというような思いこみがあって、この世がすべてであって、超越性というような感覚が抜け落ちていっていると感ずるのです。

そういうところに、オウム真理教のような宗教が、いきなりこの世に対して、あの世を立てて、この世の次元では完成できなくても、次の世では、というような問題を語りかけると、若い人が、ころりとまいってしまうという。つまり、超越性ということを考えたことがない、超越的なるものを勉強したこともない、教えられたこともない。けれど、人間の一番の深みには、超越性への感覚が与えられている。超越性を要求するような能力が与えられている。

そのことを現代の科学文明は、ほとんど覆い隠して、人間には、超越性がないといった人間像を、マスコミにしろ、教育にしろ、あるいは、経済にしろ、全部が、この世はこの世で何とかなるような発想にしてしまっているのです。

ですから、キリスト教の国であっても、超越性が信用されない、特にキリスト教のような絶対他者というか、人間を完全に超越している他者というものを信仰の基礎にする一神教の場合は、理性が発達すればするほど、信仰が衰えて行くという傾向が顕著であると言えます。

もちろん全員が無神論になるわけではない。未だに濃厚な一神教の伝統があって、そういうものが、気分としては残っているし、習俗にも残っているし、抜きがたいものがあるでしょうけれど、しかし、若い人は教会に行かなくなるとか、礼拝しなくなるとかという現象が、どんどん広がっているということです。

アメリカなどでも、潰れる教会が続出しているそうですけれど、そういう情況を、現代情況とするなら、現代には、宗教が無いということは、ある意味で、現代人が超越性を覆い隠されてきてしまっているということではないかと思うのです。

二

けれども、仏教での超越ということを言ったら、今村仁司《ひとし》先生（一九四二〜二〇〇七）から叱られたのですが、今村先生は、仏教は、いわゆる超越ではないと言われるのです。確かに仏教は、人間の理性にしろ、感覚にしろ、妄念と共にはたらいているから、妄念を破れば、人間の本当の命が回復できるという考え方であって、どこかに超越的なるものを立てて、そこに行くという発想ではないのです。

この世という我われの濁世、この世は、生死という言葉で押さえられるように、迷いの命である。けれど、迷いの命を翻す場所もこの世である。この世で生きている間に本当に翻る。だから超越といっても、本当に人間の他者への超越ではないと言えます。

仏陀自身も、人間として生まれて、生きて、人間を翻した。仏陀に成ったということは、超越者になったのではない。そういう意味では、仏教の根本はいわゆる超越ではない。キリスト教的超越ではないと今村先生は言われるのです。

けれども、単に、この世に内在するのかといったら、単にこの世に内在するのでもない。やはり、宗教といわれる一面がある。他者を立てるのではないけれども、現在のあり方を本当に翻すという方向性を求めて歩むということがある。つまり、菩提心というものは、この世の要求ではありません。この世を破るような要求をもって生きるということですから、そういう点では、仏教も単なる内在ではないのです。

それでは、それをどう表現するか、現代という情況で、超越的なる要求がないものに、そのまま呼びかければ、仏教自身の神《たましい》が失われてしまう。そういう危険が随分あるかと思うのです。

特に、浄土教の場合は、超越性を浄土として語ってきましたから、あるいは、浄土を死後として語ってきましたから、死後の超越性、あるいは、十万億土の彼方の超越性、こういう距離感とか、次の命の時間というような形の超越性で、現在だけではない命を呼びかけたわけです。

浄土の超越性を、庶民に、民衆に呼びかけるために、ある意味で方便として次の命とか、十万億土の彼方《かなた》という形をとって呼びかけた。これはある意味で相対的ですから、真の超越ではないとも言える。しかし、超越性の一つの表現だろうと思うのです。

けれど、そういう呼びかけすら、本当の意味では、現代生活の中に、どうにも迫力をもたない。そういうことで、浄土真宗を生きようとすることが、政治化したり、社会運動化せざるを得ないものを孕《はら》んできているのです。

そういうところで、何か意味を見いだそうとして、真の超越性に立つということが出来ない。自己に意味を見いだせないし、人々にも訴えられない。そういう時代であるということは、まさに世俗化しているわけです、平板化しているわけです。超越性が命であるべき仏教が、超越性を失ったら、仏教の存在意義はないと言えます。

それでは、その超越性は、現代のこの文明の中で、どういうふうに表現しうるのか。特に、仏教の超越性は、一神教的超越性ではないのですから、超越内在ということを曾我量深先生もおっしゃっていましたが、「超越内在であり、内在超越である」と。

そういう原理を法蔵菩薩は、本願として衆生に呼びかけて、浄土を建立して、その浄土に衆生を摂取するという形で、呼びかけたのです。けれども、親鸞は、そういう法蔵願心という願いが、衆生に課題を呼びかけて、法蔵願心が成就するということ、それを信ずればよいと、その信という中に超越性が内在するということを見いだされたのです。『教行信証』「信巻」に「横超断四流」釈というものを包んで、信心のところに超越性をいただいて生きると。だから本願を信ずれば、そのまま大涅槃への必然性を得て、大涅槃の必然性を得るということは、超越性を内にもったということです。

超越性そのものを体験したというのであれば、ある意味で、その超越性は完全に内在になってしまう。そうではなくて、常に超越を超越として孕みつつ内在を生きていく。常に、超越性なるものをいただいて、この濁世を安んじて生きていく。そういう原理が本願の信心であるのです。

そこに本願の信心ということを、現代の人たちに呼びかけることの難しさがあります、それは超越的表現をとると、もう、信じられないというか、わからないというか、そこで拒絶される。内在的に語ったら、これは仏教ではなくなる。ここに、大変困難な問題契機がある。だから、言葉を口語訳にしたらわかるという話ではないと思うのです。つまり、現代生活に超越性がないのだから、現代語にしてしまったら、内在性だけになるということです。

かといって、翻訳できない超越的概念をそのまま入れたら、これは腹の中に石ころを飲んだようなもので、消化できないというのが、現代情況ではないかと思うのです。

これは、昔から、「聞法《もんぽう》ということは、本当に薄皮一枚のところがわからない」と言われ、清沢先生のお母さんが、聞法に励んだと伝えられていますけれど、頷くということは容易ではない。そう簡単にわかるのならば、超越性がないということです。わからないということが超越性であると言えます。だから、「不可称《ふかしょう》・不可説《ふかせつ》・不可思議《ふかしぎ》」と言わざるをえない。不可称・不可説・不可思議は、わからないままに頷けるということです。

　わかって頷くのではない。わからなければ頷けないというのが現代人です。それは、現代人にわからせるのではない、現代人に感動と共に頷かせる。そういう語りというか、そういう文脈を、あきらめずに、探求し、呼びかけていかなければならないのではないかと思います。

　つまり、科学との対話ということを、ずうっと試みてはおりますけれど、科学は、全部、記号と計算で届く世界を予想していて、その範囲内で、つまり、人間の理性の範囲内ですべてをわかるようにしていこうというのが、科学ですから、科学には超越性はないのです。

　はっきり言ってしまえば、科学は絶対に宗教とは触れあえない。科学的に宗教を語るなどというのは、これは方便であって、人間を頷かせるための一つの方便であって、科学も本当は、不可思議なるものを生きている人間がやっているのですから、本当は、命そのものはわからない。一回限り、この地球の上に、ここに命があって、これを自分が生きているなどということは、計算できないし、不可思議なる事実を生きているということはあるわけですから、これは科学では絶対に説明できないのです。

やはり人間は愚かであり、罪が深い。これは科学では除くことができない罪です。身体にできた病気ならば、取ることはできるけれど、内に孕んでいる病気、つまり、心の病というものは、本当は、科学では治せない。科学的に治す、薬で治したり、そういうことは、誤魔化しであって、無明《むみょう》の闇といわれるような病は、科学では取り除けないわけです。

三

そういう問題を、本当に取り除くということを、仏教では、超越性だというわけです。超越性といっても、どこか他所へ行く超越性ではない。自分自身が今ここに生きていること自身が、迷っているという、それを濁世といい、この世といい、穢土《えど》という。そういうふうに表現して、それを破るといった場合には、その意識構造を転換する、その認識のあり方を、本当に翻す、それはある意味で超越なのです。

その超越は、親鸞の論理でいえば、「転成《てんじょう》」といわれるような、翻りです。それはものの考え方というよりも、人生の立場が翻る、命を感ずる感じ方が翻るといいますか、依り処とするものが変わるわけです。

安田理深先生は、よく、「根源」という言い方をしましたけれど、自分の根源へ超越するといいますか、本当のあり方へ超える。これが、言ってもなかなかわからないし、それは、その言葉で言い当てられた如くに、自分がなることができませんから、なかなかわからないといえば、わからない。

けれど、わかってそうなるのではなくて、自分が考えてわかろうとしていたあり方が間違っていたのだということに、「ああ、そうではなかったのだ」というふうに翻される。それを他力というわけです。

他力は他所から来るのではなくて、自分自身が、自分の立場を翻されるような力を感ずる。単に内から出てくるのでもないけれども、外から来るのでもない。自分の命の本来のあり方に対して、非本来的あり方を生きている我われからすれば、本来は他である。他であるけれど外という意味ではない。

今あるあり方の根源的なあり方を翻すという、翻す力を命の根源に、我われはいただいている。それが法蔵菩薩だと言えると思うのです。

それが、私にとっては、超越である。それをどう表現するか、これを表現すれば、何か、外に表現する形しかないから、それで浄土教は、外に浄土を表現したわけです。

曇鸞大師は、そのことを見事に、「かの仏国は、すなわちこれ畢竟《ひっきょう》成仏の道路、無上の方便なり」と言われる。「無上の方便」である。浄土というものは、「畢竟成仏の道路」、必ず成仏するという、畢竟性というのは、未来性です。必ず成仏する、畢竟成仏の道路、必ずそれによって成仏する道路、それが無上の方便であると。

方便という意味は、この人間に呼びかけて、人間を翻すための非常に勝れた道筋であるということです。そういうふうに呼びかけてくださっていて、だから、浄土という言葉が――もう既に浄土というと他の世界、この世でない、もう一つ外の世界という言葉ですから、そこにもう、妄念があるわけですけれど――そういう表現をして、人間の根源の力を呼び覚ますという。根源という言葉もやっかいですが。

禅などの立場からすると、覚った立場が根源であって、迷っている立場は他所ですから、他所に対して、根源に帰るというと、覚ってしまうということになりますけれど、親鸞でいえば、一如《いちにょ》から本願が立ち上がったと、一如がはたらき出したと、本来のあり方がはたらきだして、迷いの衆生に呼びかける、そういう論理、それが本願の論理です。

したがって、その本願の論理が、方便として浄土を立てた、それは、畢竟成仏の道路である、成仏するための方便である。その成仏するということが、超越性であるわけです。人間の命が翻るという、目が覚めるという。我われは、目が覚めにくい。だから徹底的に凡夫であるという自覚をもちながら、本当に覚めていく道をいただけるというのが、「畢竟成仏の道路」でしょう。

そういう点で、浄土真宗の論理というものを、親鸞は、浄土がやはり何か他土のように、死後のように語られていて、本願の論理が死後の論理になってしまっているのを、それをもう一度取り戻して、本願を生きるという形で、「非僧非俗」のいのちを生きるところに救いがあるということを、徹底的に明らかにされたわけです。

だから、死んでからしか超越はないという論理になってしまっていたものを、もう一回取り戻した。これは大変なことです。

それを誤解して、もう、このままでよいのだ、濁世のままで良いのだと誤解する、これはもう、世俗そのものです。

それは超越性を失ってしまっている。この世で善行を積んで、社会生活をしているのだから、それだけでよいのだと。そういうことを浄土真宗は言っているわけではない。浄土真宗であるならば、やはり、この超越性というものをどう回復するか、その上で濁世を生きる良心は、その時代、その時代で、その人その人の、精一杯の努力と、精一杯の生きざまがある。それは、清沢満之先生流にいえば、他力に安んじて、天命に安んじて、そして与えられた全力を尽くして生きるという。本当に人事を尽くすということがあるわけです。人事を尽くすだけであったら、宗教にならない、仏教にならないのです。

人間がもっている本来の超越性の要求を失わずして、そして現代の人々に限りなく呼びかけていくために、浄土の表現というもの、超越性というものを、人間はどこかで要求しつづけていかなければならないし、また要求して止まないものなのである。

超越性ということは、別の言葉で言えば、一回限りの命に完全な満足が欲しい、あるいは、絶対的な意味が欲しいということだろうと思います。

相対だけでは、満足できない。これでよかったと言えるような充分な意味が欲しい。それは、濁世の価値観だけでは満足できない。そういうところに、本当の意味の仏教の正しい使命というものを、親鸞の言葉というものを手がかりに、現代にもそういう言葉を、響きをもった言葉を探求して、発信して行くようにしたいと思っていることでございます。

四

どうも、浄土とか、本願とか、回向とかという教学用語や、親鸞がお使いになった仏教用語というものを、それを使えば楽なのですけれど、そしてそれを他の言葉に変えるということは容易でないし、他の言葉に変えるということは、下手をすれば、超越性を失うことになってしまいます。仏教用語というのは、言葉全部が、超越性を孕んだ言葉なのですから。

それらはまた、「浄土語」といっても良いわけです。そういうものをこの世の言葉にしてしまったら、単にこの世のわかる言葉にしてしまったら、それは仏教でなくなってしまう。

けれど、その危険を充分に心得ながら、畢竟成仏の道路という願いを失わないようにすれば、新しい言葉を使っていけるのではないかと思います。

そういう勇気をもたなければ、現代では、もう発信が出来ない。そういう時代にまで来ているのではないかと、そんなことを感ずるわけです。でも、言葉というものは、いつの時代かに生まれて、いつの時代からか初めて使われていくわけですから、曇鸞大師の「他力」も、使われ始めたときは、俗語であったといわれる。

俗語であった言葉を使って、非常に説得力のある言葉にしていった。本願であっても、もともとは、普通の願い、一番の願い、一番大切な願いという意味でしょう。それが、超越的な意味を孕んで使われるようになったということは、使う過程において、それを超越的に生きた人間が語るから超越的な内容をもってきたわけで、そういう点では、恐れずに新しい言葉を使っていってよいのではないかと思うのです。

どうも、浄土というと、すでに浄土という言葉で語られているイメージがありますから、それを他の言葉にしてしまったら、それが全部失われてしまうという不安感がありますけれど、もう、通じないのですから、わかってもらえないのですから、そういう言葉を敢えて使わなくても、何か語り直せるのではないか、そんなことを私は思うのです。

難しいことですけれど、それをやはりやらなければ、死語を幾ら語っていても、死語の羅列では、それは生きた人間に呼びかけることはできない。そのくらいの危機の時代になっているのではないかと、そんなことを思うのです。

古い教学に安んずることは楽です。それは、一応の努力があれば、その中で安んじていられる。ミイラ取りがミイラになるということがあるし、その中に埋もれて、鉋屑《かんなくず》の中でウジ虫が動くように、中に埋もれていれば暖かい。けれど、それでは、世の中の寒いところに生きている多くの人々に語ることはできない。

そう思うにつれ、やはり東京で、現代の問題を研究し、発信しなければならない使命があるのではないかということを感じているわけです。

どうなるかわからない、出来るかどうかわかりません。でも、出来るか出来ないかではなくて、やらなければならない。そういう方向を、皆さんとご一緒に少しでも、一歩でもすすめていきたいことだと、思うことでございます。やはり『教行信証』を、英語にまでしてくださる方があるのですから、日本語の中で、日本語で語る、それは浄土語を使わなくても語りうるということぐらいは思わなければいけない。そんなことを思っていることでございます。

浄土真宗の時間論

一

仏教は、この世のことを大事にしながら、この世に関わっている私どもの意識、関心、ものの見方というもの、そういうことの間違いを指摘して、それを翻すという教え方です。

そこに、何か、この世を超えたどこかに、もう一つ超越的な世界があって、その超越的世界との関わりをもって、宗教とする。すなわち、現世の有限なあり方と、もう一つ別の世界の無限なるあり方との関わり、有限と無限の関わりとして、宗教があるということが、一般の考え方と言ってよいでしょう。

特に一神教の、西欧の宗教の考え方は、有限から無限への超越とか、有限世界が、無限世界へ行くとか、そういう考え方、あるいは無限なるものが、有限に関わってくる問題、つまり、神が人間に関わってくるという関係でいわれます。

仏教では、我われの意識、人間が感じている世界なり、自己なり、命なり、人間が感じているあり方に問題がある。だから、その問題のあるあり方自身を破れば、本来のあり方というか、救われたあり方があるという考え方ですから、一応、一般的には宗教の範疇《はんちゅう》に仏教も括《くく》られるわけですけれど、いわゆる宗教の定義とは考え方が違うところがあるのです。

それは、一神教であっても、そういう教え方をして、人間の考え方の誤り、自己中心的な考え方の誤り、自我愛というものの罪を自覚させて、大いなる愛、神の愛、アガペーというような愛に目覚めて、人間の自己中心的な心を翻していくという。そういうことを人間が受け取って、人間がどのように変わるかという面には、確かに似たところもあると思うのですけれど、そうなるについての過程というか、人間自身が翻る過程での教えのあり方は、随分と違うものがあります。

キリスト教などでは、やはり有限な時間に対して、永遠ということを盛んに言うわけです。ドイツ語のエーヴィヒカイト（Ewigkeit）、永遠なるもの、それに対して、有限なる時間的存在との関係で、有限なるものが、有限なるもののままではたすからない。だから、無限なるものに帰して、無限なるものとしての神の世界で救われるという、そういう考え方が、宗教の救いとして説かれるようです。永遠なるものに取り込まれ、永遠になることが人間の救いだというう考え方に宗教の救いを考える。

それに対して、仏教では、「諸行無常」ということですから、変わらないものは何も無い、変わらないものは一つもないということが、真理である。そして、その真理だけは変わらない。

その真理自身をダルマ（dharma）、法といって、ダルマは変わらない。ですから、変わるという事実が変わらない、ということを言っているのですから、現実に変わらないものはないのです。現象として、変わらないものがあるのではなくて、変わらないものは、何も無い。一切は、時と共に移ろいゆくものだという事態が変わらない、ということを言っているわけで、そのダルマは、変わらないけれど、別に永遠という意味ではない。時がずうっと延長して変わらないという意味ではなくて、法としての本質が変わらないという意味です。

そういう意味で、ヨーロッパなどのエーヴィヒカイト（Ewigkeit）、永遠なるものとは、まるで考え方が違うのです。

仏教も確かに、「無為」とか、「一如」とか、時間に関わりのない概念を立てます。時間に関わりのない概念を立てて、時間に苦しんでいる存在を翻すということがあって、その時間に苦しんでいる人間が翻るというところにある宗教体験、それを仏教では、覚りというふうに一般的には言うわけですが、覚りには、時間が無いといっても良いのではないかと思うのです。

例えば、「涅槃」とか、「一如」とか、「法性《ほっしょう》」とかいうものは変わらないものですから、変わらないものには時間概念は入らないのです。

浄土の教え、信心の教えの特色は、そういう意味でいうと、直接、涅槃になるとか、一如そのものになるとかということを求めて得られなかった存在が、求めて得られなかった原因については、本質が煩悩具足であるとか、罪悪深重であるとかと言う。そういう存在の罪、あるいは存在の至らなさということが、原因としていわれて、覚りにはいけないという言い方、そういう、人間が有限であるが故に時間を超えたあり方になることが出来ないという表現をするわけです。

それにもかかわらず、無限の側から、覚りの側から、一如の側から、仏陀に成って一如を体験した側から、教えが開かれていると教えるのです。

特に、親鸞は、「阿弥陀」という名の仏陀の意味は、「一如の功徳」、「一如宝海」、一如ということが宝の海であると、宝の海に譬えますが、そこから、因位法蔵菩薩が立ち上がるのだ、と言われる。それは一如ということに出遇った功徳が、無限に内容が深く、海の如き広さと、宝のような尊さというものをもつというところから、「一如宝海」と譬えるのです。その一如宝海という言葉は、実は、「南無阿弥陀仏」の意味だというところまでおっしゃるわけですが、南無阿弥陀仏という言葉は、一如の功徳を衆生に呼びかけるために仏陀の名となって、名を通して一如の功徳を呼びかける。そのために、因位法蔵は、その一如宝海から立ち上がる、こういう論理です。

要するに、教えの論理というものをいただいて、人間が、生死無常という命であって、永遠ではない、時と共に生まれ、時と共に死んでいく、そういう有限なる命をある意味で破ったようなあり方を獲得する。そのために一如とか、法性とかという、時間の概念と関わりのない概念を立てます。

ヨーロッパの概念だと、やはり、永遠という言葉は、時間ではないのだけれど、何か、時間が限りなく続くようなイメージが強いと感じられます。

ところが、「一如」とか、「法性」というのは、そういう時間概念とはまるで無関係な、時間概念が入らないという意味で、不変なるものなのです。

そういうものを根源に、覚りの内容として立てて、それを衆生に与えるために、教えの物語を使って、教えの論理が立てられる。親鸞は、こういう仏教の本質を見抜いて、「一如宝海よりかたちをあらわして、法蔵菩薩となのりたまいて、無碍《むげ》のちかいをおこしたまうをたねとして、阿弥陀仏と、なりたまうがゆえに、報身如来《ほうじんにょらい》ともうすなり」(『一念多念文意《もんい》』)と語ったわけです。

だから、仏教は、時間があるのは、迷いの世界であって、やはり時間のない世界に帰るという考え方が根本にあります。

特に、「涅槃」という言葉は、死ということを潜って、お釈迦さまが涅槃に入られたということがもとの言葉の意味としてあり、それの意味内容が『涅槃経』を通して深められて、「大涅槃」というものは、単なる死ではないと説かれてきます。

大乗の『涅槃経』にくると、涅槃ということの意味が無限に広がって、涅槃は、無とか、空虚とか、死滅という意味ではなくて、あらゆる概念を包んで無限にはたらく内容であって、衆生にはたらいて、衆生を翻して衆生を解放するような、そういうはたらきを涅槃という言葉に見いだしてきたのです。

涅槃のはたらきには碍《さわ》りがない、無碍である。「無碍」という言葉も涅槃の同義語として語られるわけです。生きている間は、形が有限であるし、好き嫌いがあるし、時間と共にあるのですから、時間と共に疲れたり、弱ったり、年取ったり、死んだりするという碍りだらけですけれども、そういう有限の形を超えてはたらくものが涅槃だと示されてきます。

ですから、法身《ほっしん》とか法性《ほっしょう》という言い方もするわけですが、涅槃とか、法性とか、一如とかは、みんな同義語です。そういう時間概念を超えたようなものが、全部同義語だと親鸞は押さえるわけです。

そして、そこに帰ることが、仏教の教えの意味であり、それに帰れば人間はたすかる、けれども、凡夫は帰れない。その時に一如の側から立ち上がって、帰る道を与えてくれたものが、本願の道理です。「南無阿弥陀仏」となって、南無阿弥陀仏を信ずれば、一如に帰るというふうに、非常にすっきりと親鸞という人は、仏教の構造に衆生を包んで、明らかにしたのです。

二

その時に、親鸞の時代のみならず、親鸞以前の、法然の教団の時から既にあった問題として、一念、多念という問題があって、一念、「南無阿弥陀仏」と一声称えたら、「聞其名号《もんごみようごう》　信心歓喜《しんじんかんぎ》　乃至一念《ないしいちねん》」（『大経』）と説いているのだから、もうそれでよいのだと。それで阿弥陀の救いの中に入ったのだから、後は称えなくともいい、後は、この世の生活は、どのようであっても、浄土に生まれると、そういう信仰理解というものが、一方にある。

一方では、称えても、称えても、どうもたすかる自信がないというか、たすかるために称えるという、道程として称えるということだと、幾ら称えても、称えても終わりがないから、臨終に至るまで称え続けると。そういう多念義《たねんぎ》と、一声で良いという一念義《いちねんぎ》というのが起こって、法然の時代でも、その二派というもののあらそいが消えない。法然上人は、どちらでもない、それに偏ってはならないということをおっしゃるのだけれど、それが染み通らない。そういう中から、一念義系統に近い理解やら、多念義系統に近い理解やらが割れていったわけです。

長楽寺《ちようらくじ》流というのは、多念義系統だし、浄土真宗は、一念義ではないのですけれど、一念義の方向に近い考え方だというふうに分類される。両方に分かれて行く系統があったわけです。

それが、親鸞の晩年に、また関東の門弟の中で、議論を呼んで、収まりがつかなかった。それに対して、隆寛《りゆうかん》律師（一一四八～一二二七）の書かれた『一念多念分別事』の漢文部分の註釈として、『一念多念文意』というものを、親鸞は、関東の門弟のために書き残したわけです。

これは、信心、あるいは宗教体験というものをもつということと、この世の迷いの時間とが、どう関わるかということについての、無理解というか、誤解というか、そういう問題が本質だと、親鸞という人は見抜かれたのです。

だから、聖道門のように、時間の無いところになってしまうという、覚りを開けばもう時間とは関わりがないという。至道無難《しどうぶなん》禅師（一六〇三～一六七六）

という人に、「生きながら死人《しびと》となりてなり果てて　思いのままにするわざぞよき」という歌がありますけれど、死人となるということは、もう時間が無いということです。生きているということは、時間がある。死ぬということは、時間がなくなる。

亡くなった人自身には、もう、時間もないし、表現もないし、生きている人間から感ずるしかないわけです。生きている人間からすると、何十年経っても、亡くなったお姿のままで意識に残っておりますから、四十年前に亡くなった鈴木大拙先生の顔が、私には、今でもありありと、あの時の顔が残っているわけです。四十年経ったから、鈴木大拙が百三十歳になったとは思わない。やはり、九十六歳で亡くなったときの姿が、そのまま私には残っています。

そういうわけで、何十年経っても変わらないものとして、止まるというか、記憶に残る。だから、幼いときに子供を失った母親は、何十年経っても、その幼い子どもを胸に抱えて、悲しんでいるわけです。

そういう意味で、時間がなくなることが、死ぬことであると、そういうふうに言うこともできる。時間が無くなることが死ぬことだ、死ねば時間が無くなるということで、死が救いであるというふうに考えることもできるわけですけれど、親鸞は、そうではなくて、仏教の教えの意味というのは、この有限なる時間を生きていて、死んで涅槃というか、死滅して時間の無い世界に行くという形の救いではない。この妄念の命を苦しんでいるから、妄念の命を破る形で、この人生の中に、単なる時間で生きているのではない時間を取り戻す、そういうことが、仏教の大事な方向性だということ。そういう形で求めていて、本願の仏法に出遇って、本願の仏法のわからなさというものを、多分、親鸞は、徹底的に法然に尋ねて、そして、時間と、時間を超えるということの関わりを、本願というはたらきに見いだしたのです。

つまり一如の側から、有限なる衆生を、すなわち、時間を生きている衆生、生老病死を生きている衆生を包むような形で、大悲というはたらきを教え、この時間の中に、苦しむ衆生に時間を超えた功徳を与えるといいますか、そういう形で、本願の救いを何とか明らかにされたのではないかと思うのです。

そこに、「信の一念」という言葉が、見いだされてきた。一念というのは、時です。時であって、時を截《き》るというか、刹那《せつな》である。刹那というのは、やはり時の中にある。時の中に起こるのだけれど、単に時ではない。

生住異滅《しょうじゅういめつ》(生相、住相、異相、滅相)といいますけれど、変わっていってしまうということを成り立たせるものが、時間です。生きているということは、念々に移ろい行くという形で、時間を感じています。

そういう時間のいのちの中に、時間を超えるような覚りを求めるというのが、聖道門の発想です。けれど、そうではなくて、時間を超えるようなはたらきが来ていることをいただく。そういう形で、信をいただく。信ずるということは、覚りというものを体験するということではなくて、我われは時間の中でしか感じられないのだけれど、その時間を破って来るような大悲のはたらき、無限なるもののはたらきを信ずる。そこに無限なるもののはたらきをいただくのです。

その信ずるというところに超越性があるのです。超越性といっても、有限から、どこか無限界へ飛んで行くという超越ではなくて、有限を生きながら、有限を破るようなはたらきが、ここに信ずるという形で現れるのです。

三

そういう意味で、「信の一念」ということが起こるのです。この一念という意味を、親鸞は「行の一念」、「信の一念」というふうに分けたわけですけれど、「行の一念」は、「南無阿弥陀仏」という行がここに起こるという意味、一回の行為、一つの形という意味、それが「行の一念」であると定義して、その「行の一念」の中に、「信の一念」が起こる。それは、「信楽《しんぎょう》開発《かいほつ》の時剋《じこく》の極《ごく》促《そく》」であると表されます。

「時剋」というのは、時刻です。「刻」はきざむとか截るという意味です。だから時刻というのは、タイムということですけれども、「時剋の極促」、極めてつづまった、極促、「促」という字は、すなわちという意味とか、すみやかという意味とかと重なって、速度の「速」と同じ意味をもっているわけですが、時の極まりです。しかし「奢促対《しやそくたい》」ということを親鸞は言われていますので、その場合は、不必要なものをすべて取り去るというような意味があります。

時の極まりとしての一念は、時の中にあるけれど、時の極まりという言い方をする。その時の極まりというものは、どういうものか。普通の日常生活で、煩悩の日常生活で、我われが感じる時間というのは、念々に移ろっていく。移ろっていくことを悲しんだり、苦しんだりしながら、その移ろっていく時間だけに巻き込まれて生きています。

移ろっている時間を止めることはできませんし、変わりゆくものを悲しみながら、にもかかわらず変わらないようにしようという妄念で、我われは、変わりゆくものを悲しんだり、苦しんだりしている。

人間の身体は、有限であり、念々に変わりつつあるわけです。それでも何とか変わらないようにしようと思って、薬を飲んだりするけれど、やはり変わっていってしまう。

これは、人間がどうしようもないのだから、それをそのまま受け入れようではないかという心を開くためには、時の中にあって、時を超えたようなものに触れないと、そういうことが本当には出来ない。

その時を超えた「浄土」、永遠に時間のないような浄土とは、矛盾概念ですけれど、浄土は、「無量寿」だと。無量寿という言い方は、ヨーロッパでの「永遠」に近い考え方とも言えますけれど、浄土は、無量寿、無量光だといわれていて、その無量寿の世界は、仏陀が無量寿であると同時に、その仏陀が生きている世界も無量寿です。だから、仏陀自身である阿弥陀如来は、無量寿であるし、無量寿が開いている世界は、もちろん無量寿です。

その無量寿の世界に生まれることで、その環境をいただいた衆生も無量寿をいただくという救いが、人間の考え方に寄り添って呼びかけた浄土の救いです。

そして、そういう世界は、この世の有限の命と矛盾するから、後生という形で、この命が終わったら、無限の世界、無量寿の世界だという構造で教えが立てられています。

けれど、親鸞という人は、その臨終以後の救いというものを、本願によって、本願のはたらきとしての「南無阿弥陀仏」によって、出遇うのは現在だ、というところへ取ってきたのです。

「本願成就の文」、「諸有衆生《しょうしゅじょう》　聞其名号《もんごみょうごう》　信心歓喜《しんじんかんぎ》　乃至一念《ないしいちねん》　至心回向《ししんえこう》　願生彼国《がんしょうひこく》　即得往生《そくとくおうじょう》　住不退転《じゅうふたいてん》　唯除五逆《ゆいじょごぎゃく》　誹謗正法《ひほうしょうぼう》（あらゆる衆生、その名号を聞きて、信心歓喜せんこと、乃至《ないし》一念せん。心《しん》を至し回向したまえり。かの国に生まれんと願ずれば、すなわち往生を得て不退転に住す。唯五逆と誹謗《ひほう》正法とを除く）」を、普通ならば、「願生彼国　即得往生　住不退転」とあれば、願生というのは、この世から願い、即得往生は臨終であって、住不退転は、死後の浄土の命だと、このように段階で切って、この世の迷いの時間の終わった後に、もう一つの時間があって、これは無量寿の時間だと読まれるわけです。

そこをつなぐはたらきとして、本願の念仏が我われに与えられて、この世が終わったらという、有限から無限の時間に転ずるような時間の考え方で、次の命で救われるという構造であったのを、親鸞は、「願生彼国　即得往生　住不退転」は、「信の一念」の内容であるとされた。「本願の欲生心成就の文、『経』（大経）に言《のたま》わく、至心回向したまえり。かの国に生まれんと願ずれば、すなわち往生を得《え》、不退転に住せんと。唯五逆と誹謗正法とを除く、と」を押さえまして、「信の一念」の内容だというふうにいただかれた。本願成就の文の「至心回向」以下を押さえて欲生心成就の文と言われる。これが、親鸞のすごいところです。

結局、念ずる一念の中に、一念が起こるのは、有限の時の中に起こるけれど、起こった一念自身は、もう永遠を包むといいますか、無量寿を包む。そういう意味で、本願のはたらきによって、有限の時間の中に、有限を破るような時を恵まれるという意味があると、それを「信の一念」ということで押さえたのです。

四

そこに、迷いの時間の中に、迷いを破る時間を食い込ませたというのが、親鸞の独自の考え方なのです。迷いの時間が終わってから、救いの時間が始まるのではなくて、迷いの時間の中に、救いの時間が切り込むという、「時剋の極促」という形で来るというのです。

それは、念々に来るのであって、迷いが終わってからではない。迷いが終わらないままに、その時間を流されて生きているということが迷っているということですから、迷っている命と共に、その時のところに、念々に切り込んでくる。だから、念仏は終わる必要がない。一回限りでもない、たくさんやるという必要もない。念々に、その時、その時、「信の一念」があるのです。単に持続するのでもないし、単に終わるのでもない。そういう独自の時間なのです。

時間を破りつつ、時間と共にあるといいますか、時間を破ったら、もう時間が無くなるのかというと、そうではなくて、時間がありながら、時間があるからこそ、破るはたらきもある。

時間が終わってしまうなら、もうはたらきが無くなる。迷っている時間があるから、念々にそこに時間を破るはたらきが来るという、そういう意味で、親鸞は、新しい時間といいますか、迷っている時間に対して、人間に新しい時間を与える。

「願生彼国　即得往生」、つまり、浄土に生まれるような命の時間が始まるということは、迷っている時間の直中《ただなか》だという、そういう理解を出されているのです。

これが、わかり難いのです。人間が、頭で考えると、時間が終わって覚りが来ると考える。考えるだけなら、そう考えたほうが、単純明快です。迷っている時間に救いの時間が来ると考えようとすると、それが来たらもう終わりだろうという、いわゆる一念義の考え方のように考えたら、考え易い。

けれども、そこで終わるのではない、いつも迷っている。いつも迷っているけれども、煩悩の直中に念仏するということが起こる、その迷いの中、そこに無上功徳が来る、一如の功徳が来ると。一如の功徳が来たら、それで、時間が終わるのかというと、終わらない。迷っている事実はあるという、そういう独自の時間論を展開したのです。

迷いの時間に対して、覚りの時間という言い方はしないのですけれど、本願が切り込む「信の一念」というものは、ある意味の超越性で、だから、それは「横超《おうちょう》」という言い方をするわけです。

「竪超《しゅちょう》」という言い方をした場合は、竪《たてざま》に超えるというのは、迷っている存在が竪に超えた途端に、もう覚りの世界にいってしまうわけですから、完全に質が変わってしまう。

けれど、凡夫は変わらないのです。変わらないままに変わるような時が恵まれる。恵まれたら変わるかというと凡夫の身は変わらないと。そういう不思議な考え方をした。横超と。横超は、やはり超越です。

だから、超越体験がもらえないのなら、救いにはならないのです、超越体験をもらうのだけれども、でも凡夫は変わらないという構造です。

こういう独自の時間論ではないかと思うのです。だから、時間を生きながら、時間を超えた体験をもつというのが、「南無阿弥陀仏」がもっている意味です。

そこに、翻りがあって、過去の苦悩の闇も、未来の不安も一瞬にして、明るみに転ぜられる。けれども、転ぜられたら終わりかというと、終わらない。やはりその一瞬と共に、無始以来の闇と未来永劫の不安感というものは残る。残っているけれど、念々に一如の功徳に触れるということも、また疑いのない事実なのです。

こういう構造で、時間と無時間といいますか、時間から無時間に行くのではなくて、時間の中にあって、時間を超えた無時間が切り込むという形で、信心というものの生活が成り立つということを明らかにされたのです。

これが、なかなかわかってもらえないのです。人間、わかろうとすると、結局、いつまで経ってもたすからないか、スパッと切れてたすかるか、どちらかにして欲しいというわけです。

たすかりつつ、たすからないということ、そのようなわからない話はないではないかという。話として聞くからそうなる。けれども、「南無阿弥陀仏」を信じて生きてみたら、事実はやはり凡夫である。しかし、念々にかたじけないという体験が起こる。これは事実です。

だから、諸行無常の時間の中にあって、諸行無常ではないような時を恵まれる。だから、仏教の時間という場合は、「一念三千」という天台の考え方もありますけれど、一念に三大阿僧祇劫《さんだいあそうぎこう》を包む、というような言い方もしています。

一念の他に、三大阿僧祇劫があるのではない、今生きているという事実に、無始以来の過去と未来永劫の未来を孕んで今がある。今の内容は、全時間であると。こういうことは、迷っている時間の中だけであれば、あり得ないことです。

だから、その迷いが、ある意味で転ぜられるという時間には、「兆載永劫の法蔵菩薩の修行」も、「五劫思惟」の思惟も、全部、この「一念」にいただくのです。

そのような長い時間を一念に入れることなど出来ないではないかという、量的にいえばそうなのですけれど、事実は一念のところに、今、一念のところに

「南無阿弥陀仏」と念ずるところに、兆載永劫のご苦労というものが、実ったと感じられてくるのです。

だから、一念に無始以来の時を包むというか、そういう時間です。新しい時間の中に、一瞬の時間といいますか、時間を破るような時間の中に、無限の時間を包むというか、言葉ではなかなか言いきれないのですけれど、そういう体験が成り立つことを、「本願成就の文」を一念の内容としていただくのだと明らかにした、そこに親鸞の意図があるのではないかと思うのです。

これは、なかなか、関東の門弟たちも、親鸞が一生懸命に書かれるけれど、ほとんど理解していないのではないでしょうか。あの『歎異抄』を残した、本当に立派な文章を書き、非常に勝れた信仰内容を語っている唯円であっても、親鸞が明らかにした時間の、その極意のところについては、どうも良くわかっていなかったから、第九条の「またいそぎ浄土へまいりたきこころのそうらわぬは、いかにとそうろうべきことにてそうろうやらん」というような問いが出てくるのではないかと思うのです。死ぬのが恐いと思って、未だ信仰があやふやなのではないか、などという問いが出てくるのは、どうも親鸞の本当の「南無阿弥陀仏」の功徳によって、迷っている命がなくなるのではないけれど、時を破るような功徳をいただけるという、そういう非常に勝れた信仰体験なのですが、これが、なかなかわかってもらえなかった、ということがあったのではないかということを思うのです。

これこそがまさに、現代に生きる私たちにとっての課題でもあります。

おわりに

与えられた「現代と親鸞」というテーマで一冊の書物にまとめてみたのですが、この内容は、真宗大谷派が二〇〇一年に東京に立ち上げた学事施設「親鸞仏教センター」において、毎月行われている、親鸞聖人ご命日の集いの折の小生の講話の一部を、整理したものです。

親鸞仏教センターでは、現代に生きている私たちが、親鸞の教えから、現代人の精神生活の糧を汲み出す努力をするとともに、現代が抱えている問題を、それぞれの領域で研究している方々から、研究会を通して、どういう問題が現代人を悩ませているのかを教えていただき、その問題に宗教との接点とか、親鸞の信仰からの関わりなどを開けないかを考究する営みを継続しています。

そして、研究会の内容を機関誌『現代と親鸞』『親鸞仏教センター通信』に公開しています。さまざまな課題を教えていただくうちに、諸分野がばらばらの問題を扱っているかのごとくではありますが、人間の精神がその諸課題と無関係な問題はひとつもないこと、問題の諸相は異なっているようではあっても、諸分野が現代に生きる私たちをいつの間にか包み込んでおり、私たちはその中で現代の問題をいわば呼吸し、知らぬ間にそれによって悩まされ、苦しまされているのだ、ということが少しずつ飲み込めてきました。

たとえば、新自由主義といわれる、英国のサッチャー元首相によって使われた政治手法は、経済問題に深く関係するだけではなく、その政治思想の下で生活する人々に、大きな精神的負担を与え、その結果、多くの生活者が鬱《うつ》状態に巻き込まれているということを、精神科の医学者が教えてくださった。つまり、精神的な病が、その時代の政治や経済状態と深く関わっているということなのです。

現代の学問の側も、こういうことがわかるにつれて、学際的といわれるような、領域を横断する問題把握が必要になるし、諸領域にまたがるような研究が要求されているわけです。

こういう事態を見ながら、仏教の側から、この時代の情況を引き受けたような問題意識が出てこなければならないのは、当然なのではないか。古典の言葉の中には、今までに解明されただけでは見いだされていなかった、情況に応答する新しい意味内容があるのではないか。新しい酒は、新しい革袋に入れよ、という諺があるように、現代の聞法にも、新しい時代から投げかけられる問題とのぶつかり合いが無ければならないのではないか。そういうような、答えが無いような課題にぶつかりながら、常に刺激的な時代からの呼びかけに、聞法する側も、何とか新しい応答の方向を見いだすべく、歩みを持続しているわけなのです。

親鸞が、根本の著である『教行信証』に、「真実の巻」のみでなく、「方便の化身土巻」を開いて、克明に時代の思想を吟味し批判しておられることからも、これからの時代の課題に新しい思想的批判根拠を求めて努力していくべきことを教えられるのです。ここに整理して出させていただいた事柄も、それらの試みの一部にすぎませんが、仏教を求めたり、親鸞にぶつかろうとする場合に、何らかのご参考になれば幸いです。

親鸞仏教センターでの講話を整理するに当たっては、センターから許可を頂いただけでなく、いろいろと応援を頂きました。講話を原稿にして編集するについては山口孝さんの、文章を校正するについては中津功さんのご協力を頂きました。そのほか、大勢の方々のご協力を頂いて本書が成ったことを、深く感謝するものであります。

文庫化にあたって

本書は、㈱筑摩書房より刊行された『シリーズ親鸞』のうち、第十巻『現代と親鸞―現代都市の中で宗教的真理を生きる』を文庫化したものです。

『シリーズ親鸞』は、二〇一一年、真宗大谷派（東本願寺）が厳修《ごんしゅう》した「宗祖親鸞聖人七五十回御遠忌」を記念して、宗派が筑摩書房の協力を得て出版したものです。シリーズの刊行にあたり、監修を務めた小川一乗氏は、

いま、現代社会に向かって広く「浄土真宗」を開示しようとするのは、宗祖親鸞聖人によって顕《あきら》かにされた「浄土真宗」こそが、今日の社会が直面している人間中心主義の闇を照らし出し、物質文明の繁栄の底に深刻化している人類生存の危機を克服する時機相応の教えであるとの信念に立っているからです。本書を通して一人でも多くの方が、親鸞聖人の教えである「浄土真宗」に出遇っていただき、称名念仏する者となってくださる機縁となりますことを念願しています。

このシリーズは、執筆者各々が役割分担して「浄土真宗」を明らかにしたいと企画されました。そのために、担当する文献や課題を各巻ごとに振り分けて、それぞれを主題として執筆されています。それによって、引用される文献や史資料が各巻にわたって重複することを少なくし、「浄土真宗」の全体が系統的に提示されるようにいたしました。（中略）『シリーズ親鸞』は学術書ではありません。学問的な裏付けを大切にしつつも、読みやすい文章表現になるよう努めました。

と述べています。今回の文庫化にあたっては、その願いを引き継ぎ、さらに多くの方々に手にとってお読みいただけるよう、各執筆者の方々に若干の加筆・修正をお願いいたしました。本書を機縁として、一人でも多くの方が「浄土真宗」に出遇っていただけることを願っています。

最後になりましたが、文庫化にあたってご協力をいただいた㈱筑摩書房様、また、発行をご快諾いただきました著者の本多弘之氏には厚く御礼申しあげます。

二〇一八年一月

東本願寺出版

本多　弘之（ほんだ　ひろゆき）

1938（昭和13）年生まれ。東京大学卒。現在、親鸞仏教センター所長。専門は真宗学。著書『『一念多念文意』考究』『根本言としての名号』（以上、東本願寺出版）、『近代親鸞教学論』『親鸞の鉱脈―清沢満之』『静かなる宗教的情熱―師の信を憶念して』（以上、草光舎）、『親鸞教学』『親鸞思想の原点』『大無量寿経講義』全３巻（以上、法藏館）、『浄土（濁世を超えて、濁世に立つ）』全３巻（樹心社）、『一心の華』全26巻（歎異の会事務局 徳明寺）、『現代に響くうた　正信偈』全８巻（聖典学習会 正福寺）、『尊号真像銘文講義』全３巻（真宗大谷派東京教務所）など。

現代《げんだい》と親鸞《しんらん》―現代都市《げんだいとし》の中《なか》で宗教《しゅうきょう》的《てき》真理《しんり》を生《い》きる―

2018（平成30）年２月28日　第１刷発行

著　　者　本多弘之
発 行 者　但馬　弘
編集発行　東本願寺出版（真宗大谷派宗務所出版部）
〒600-8505　京都市下京区烏丸通七条上る
TEL　075-371-9189（販売）
075-371-5099（編集）
FAX　075-371-9211
印刷・製本　中村印刷株式会社
装　　幀　株式会社アンクル

ISBN978-4-8341-0574-2　C0015